`4Weeks`

経済産業省経理・財務人材育成事業
経理・財務スキル検定™
FASS
Finance & Accounting Skill Standard
CFO協会認定

4週間でマスターできる
経理・財務基本テキスト

経理・財務の一通りのノウハウを集めました

経済産業省
「経理・財務サービススキルスタンダード」に完全準拠

Customer Satisfaction Accounting

CSアカウンティング株式会社 編

税務経理協会

はじめに

　一昨年のリーマン・ショックから景気は立ち直りつつも引き続き厳しい状況が続く中，国際財務報告基準（IFRS）の導入も控えており，経理・財務の基本的な知識は，経理・財務セクションで働く人たちだけでなく，様々なセクションで働く人たちにとって重要度が増してきております。また，一方で，経理・財務部門の皆様も，毎年行われる会計基準改正や税制改正によって，会計上の取り扱いや税務処理が変更されるなど状況が変化している中で，日々の業務に追われて十分に学習できないこともあるかと思います。

　本書は平成18年9月に弊社より出版した「やさしくわかる　経理・財務の基礎知識　FASS入門〔C・Dレベル編〕」をベースに近年の改正事項や説明が分かりにくい部分を中心に内容を見直し，加筆修正するとともに改題したものです。前書を購読していただいた方ですと内容が重複している部分も多々ありますが，十分ご活用いただけるものと思います。

　本書は4分野に編集されており，1分野1週間を目安として4週間（4weeks）で学べる構成になっております。経理・財務に必要な知識を一通り習得していただくため，幅広い内容となっておりますので，比較的苦手にしている分野は時間を取って熟読していただくなどメリハリをつけて学んでいただければと思っております。

　また，元々はビジネスパーソンを対象に執筆しておりましたが，経理・財務部門に興味を持っている学生の方にも，経理・財務部門ではどのような業務を行っているか，そのために基礎的な知識としてどのようなものが求められているかが理解できるように執筆しておりますので，ぜひ購読していただきたく思います。

本書をきっかけに，皆様の知識・実務の幅を広げる一助になれば幸いです。
　最後に，本書の出版にあたって株式会社税務経理協会編集部の皆様には大変お世話になりました。ここに厚く御礼申し上げます。

2010年6月

　　　　　　　　　　　CSアカウンティング株式会社　執筆者一同

目　　次

はじめに

1　資　産

1　売掛債権管理
　1.1　売上業務　2
　1.2　債権残高管理　6
　1.3　滞留債権対応　9
　1.4　値引き・割戻し　12

2　買掛債務業務
　2.1　購買業務　15
　2.2　債務残高管理　18
　2.3　値引き・割戻し　20

3　在庫管理
　3.1　残高管理　22
　3.2　受払管理　25
　3.3　適正在庫管理　29

4　固定資産管理
　4.1　資産取得　32
　4.2　減価償却費管理　35

4．3　現物管理　39
　　4．4　資産評価（減損）　41
　　4．5　メンテナンス対応　45
　　4．6　資産移動・売却・除却　48
　　4．7　リース管理　51
　　4．8　固定資産税申告・納付　54
5　ソフトウェア管理
　　5．1　制　　作　57
　　5．2　残高管理　59
　　5．3　減価償却費管理　61

2　決　算

1　月次業績管理
　　1．1　月次決算　64
　　1．2　業績分析　67
2　単体決算業務
　　2．1　決算準備　71
　　2．2　決算手続　75
　　2．3　役員報告　79
　　2．4　監査対応　81
3　連結決算業務
　　3．1　期中対応　84
　　3．2　決算準備　87

3.3　個社データ収集　91
　　3.4　決算手続　94
4　外部開示業務
　　4.1　決算短信　98
　　4.2　プレス発表　101
　　4.3　会社法決算　103
　　4.4　有価証券報告書作成　106
　　4.5　アニュアルレポート　110

3　税務

1　税効果計算業務
　　1.1　繰延税金資産・負債確定　116
2　消費税申告業務
　　2.1　日常管理　119
　　2.2　消費税申告・納付　122
3　法人税申告業務
　　3.1　日常税務対応　125
　　3.2　法人税中間申告・納付　127
　　3.3　法人税確定申告・納付　129
4　連結納税申告業務
　　4.1　連結納税基礎　134
　　4.2　連結納税計算　137
　　4.3　連結納税申告・納付　140

5　税務調査対応
　　5.1　調査前準備　143
　　5.2　調査対応　145

4　資　　金

1　現金出納管理
　　1.1　銀行振込入出金管理　150
　　1.2　小口現金管理　153
　　1.3　現預金残高管理　156
2　手形管理
　　2.1　受取手形・支払手形管理　159
　　2.2　小切手管理　163
　　2.3　小切手振出　166
3　有価証券管理
　　3.1　有価証券運用　168
　　3.2　投　　資　172
　　3.3　有価証券評価　174
　　3.4　有価証券残高管理　179
4　債務保証管理
　　4.1　グループ向債務保証　182
　　4.2　連帯保証・債務保証　184
5　貸付金管理
　　5.1　融資・グループ向融資　186

5.2　融資残高管理・融資条件見直し　190
6　借入金管理
　　6.1　借入実施　193
　　6.2　借入残高管理　196
7　社債管理
　　7.1　社債発行　199
　　7.2　社債残高管理　202
8　デリバティブ取引管理
　　8.1　デリバティブ取引の仕組み　205
　　8.2　会計・税務処理　209
　　8.3　リスク管理方針　212
9　外貨建取引管理
　　9.1　外貨建取引の概要　215
　　9.2　会計処理　218
　　9.3　リスク管理方針　221
10　資金管理
　　10.1　中長期資金管理　225
　　10.2　単年度資金管理　228

索　　引　231
検定概要　235
経理・財務スキル検定　FASS予想問題　239
執筆者紹介　247

1 資　　産

1　売掛債権管理
2　買掛債務管理
3　在 庫 管 理
4　固定資産管理
5　ソフトウェア管理

売掛債権管理 / 1.1 売上業務

　売上には，ビジネスの形態によって，商品など棚卸資産の販売による売上や，サービスなどの提供による役務収益など様々な種類があります。ここでは，売上の認識・計上基準等といった売上業務の概要について学習します。

> **重要ポイント！**
> 1．売上の認識は原則として実現主義によります。
> 2．売上の計上基準は主に出荷基準・引渡基準・検収基準の３つがあります。
> 3．各種帳票類や勘定科目を確認すること等により，売上の計上もれを防ぎます。

1 売上の認識

　売上の認識は原則として実現主義により行われます。実現主義とは収益（外部への販売等）を実現した時に計上する基準であり，ここでいう実現とは，財貨又は役務の提供（商品の引渡しやサービスの提供等）とこれに対する現金及び現金等価物（売掛金・受取手形等）の取得という２つの要件を満たす状態を指します。

売掛債権管理―売上業務

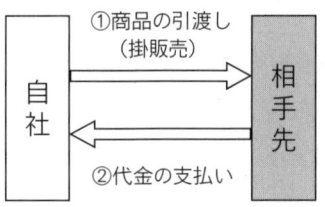
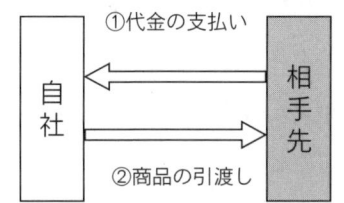

商品の引渡しが先に行われる場合は，①商品の引渡し（掛販売）時点で実現の要件を満たし，代金の支払いが先に行われる場合は，②商品の引渡し時点で実現の要件を満たすことになります。

2 売上の計上基準

売上の計上基準にはおおむね次の方法があります。どの方法を採用するかについては，その会社の実情に適したものを選ぶことができますが，継続して適用する必要があります。

① 出荷基準…商品等を実際に出荷（発送）した日をもって売上に計上する方法
② 引渡基準…相手先へ商品等を引き渡したという事実をもって売上に計上する方法
③ 検収基準…相手先へ納入された商品等の数量・品質等を検査・確認した時点で売上に計上する方法

〔売上の計上基準は3つ〕

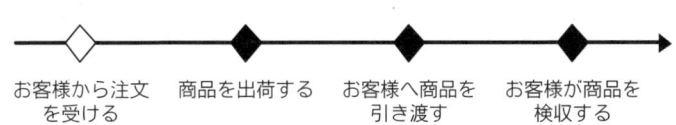

3 売上の計上もれを防ぐために行う方法

　売上の計上は商品等の出荷又は検収という事実に基づいて行われるため，その事実を客観的に判断できる時点で売上を計上する必要があります。

　売上の計上もれを防ぎ，売上を適切に計上するためには以下の方法があります。

　①　相手先ごとに売掛金・前受金の残高管理を行う

　　相手先ごとに債権の発生・回収に関しての確認を行います。例えば，売掛金にマイナス残高が生じている場合には，入金処理はされているが売上処理がされていない可能性があります。

　②　定期的に実地棚卸を行う

　　売上の認識は商品の引渡し等によって行われるため，帳簿上での管理の他，定期的に実地棚卸を行い実際の商品残高を把握することにより売上の計上もれを防ぐことができます。

　③　収益と費用が対応しているかどうかを確認する

　　取引先へ外注費を支払った時等，対応する売上の計上があることを確認することにより売上の計上もれを防ぐことができる場合があります。

　④　利益率に極端なバラツキがないかを確認する

　　個別の取引での確認・前月度や前年同月との比較・期末に前年度末との比較等を行い，異常値が見られる場合には，原因を確認することにより売上の計上に誤りがないかを確認します。

　⑤　補助簿や証憑等との照合を行う

　　売掛金台帳や売上台帳等の補助簿・請求書や納品書等の証憑と会計処理が一致しているかを確認することにより単純な売上計上もれを防ぐことができます。

参考：特別な売上計上基準

その他特別な売上計上基準として次のものがあります。

① 工事進行基準
② 割賦販売における回収期限到来基準又は回収基準

売掛債権管理 > **1.2 債権残高管理**

商品等の販売においては，販売代金の回収が重要となります。代金の回収状況はすぐに資金繰りに影響してくるため，得意先ごとの販売状況と回収状況を把握することにより債権残高を管理していく必要があります。

ここでは，債権残高の管理について学習します。

> **重要ポイント！**
> 1．売上台帳や売掛金台帳などの補助簿を活用し，得意先ごとに債権残高の管理を行います
> 2．請求書の発行と入金状況の確認を行います。
> 3．年度末には債権残高確認（照会）を行います。

1 得意先別の債権残高の把握

商品等を販売しただけでは販売活動は完了しません。販売代金を回収しない限り，給与の支払等ができず，会社は活動ができなくなります。

債権残高を適切に管理するためには，売上台帳や売掛金台帳などの補助簿を作成し，得意先ごとにいくらの売上と回収があったかを把握する必要があります。

売掛債権管理―債権残高管理

〔債権管理フロー〕

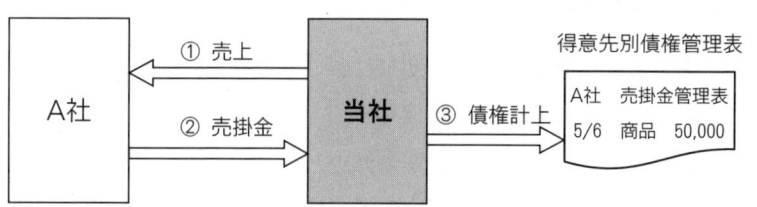

2 請求書の発行と入金状況を確認

　売掛金台帳等をもとに，得意先に対して請求書の発行を行います。発行作業が遅れることにより，入金遅れにつながることとなりますので注意が必要です。次に，回収期日通りに請求した金額が入金されたかを確認します。この作業を消込み作業といいます。消込み作業は重要で，忘れたり間違えたりすると，この後の取引先への誤請求の原因となるので注意が必要です。この消込み作業時に，回収が遅れているものや，請求金額と入金金額との差額が発生した場合は，差異内容を把握し，請求相手に問合せを行います。

　これら一連の作業は，売上代金を確実に回収するために，極めて大事なものとなります。

〔入金管理フロー〕

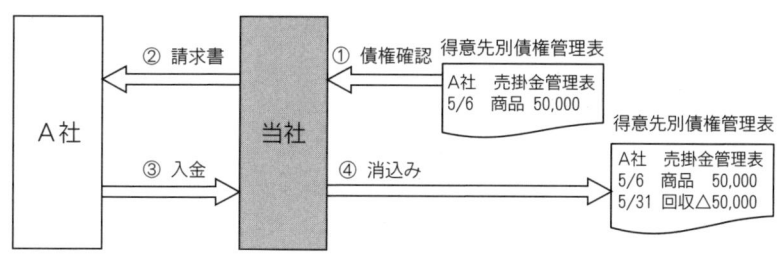

3　債権残高確認（照会）

　期中における残高確認の他に，期末において得意先元帳から得意先別に債権残高明細書を作成し，さらにはその記入が正確であるかをチェックするため，各得意先に対して債権の残高確認（照会）を行います。この確認によって差異の内容をつかみ，原因を追究することによって，内部統制を徹底することができ，不正防止にも役立てられます。

〔与信と与信管理〕

　与信とは取引先に信用を与えることをいいます。売掛金や受取手形を利用する場合には与信が発生し，入金までのこれらの売上債権の管理を行うことを与信管理と呼びます。

　与信管理を行うためには，各取引先について信用評価を行い，それぞれに与信限度額の設定を行います。売掛債権の金額が与信限度額を超えた場合には，状況に応じた対応が必要になります。

売掛債権管理 > 1.3 滞留債権対応

滞留債権を把握するためには，相手先ごとの取引状況を定期的にチェックすることが必要です。回収期日を超えても入金がない場合には，滞留債権リストを作成するなどの特別な管理が必要です。

ここでは，滞留債権への対応について学習します。

重要ポイント！

1. 債権の回収を確実に行うために，売掛金管理表等を活用します。
2. 滞留原因が何かを把握することは貸倒れの未然の防止に有効です。
3. 再三の督促にも応じない場合には，内容証明の利用も検討します。

1 債権管理表の作成

得意先に対する債権は日々の業務でしっかりと把握されていなければなりません。得意先からの債権の回収が遅れているような場合には，その得意先は危険な状態にある可能性があり，このような債権は，いつ倒産による貸倒れという事態になるか分かりません。

そこで，売掛金管理表を作成し相手先ごとの残高を把握します。また，残高の内訳を確認し滞留がある場合には売掛金台帳に明記するか，別途滞

留債権管理表を作成する必要があります。滞留先・金額・期間・理由等を明らかにするとともに，随時担当者に状況を確認することにより債権の回収を図ることができます。

売掛金管理表

相手先	月初残高	当月発生	当月入金	月末残高	月末残高				備考
					当月	前月	前々月	3ヶ月以上	
A商事	1,000	500	800	700	500	200	0	0	
B社	150	0	0	150	0	0	0	150	
合計	1,150	500	800	850	500	200	0	150	

〔作成のポイント〕
① 発生月別に残高を把握できているか。
② 当月発生・入金が正しく記載されているか。
③ 会計上の残高と一致しているか。
④ 滞留がある場合，滞留原因は明らかになっているか。
　　また，担当者から状況を確認できているか。　　　等

2 滞留原因の把握

滞留原因には，大きく分けて2つの原因があります。
① 得意先の業績不振によるもの
② 取引上のトラブルによるもの
　　納品違い，納品過不足，返品・値引きの記帳漏れ等

　この他，売上処理の誤り（得意先・金額・二重計上等）・入金処理の誤り（得意先・金額・送金未達等）等の事務処理の誤りにより滞留と判断してしまう場合もあります。

売掛債権管理―滞留債権対応

いずれの場合でも，個別に原因を追究するために，得意先別に債権管理を行うことが必要です。得意先ごとの債権残高を常にしっかりと把握することにより，貸倒れを未然に防止することにつながります。

〔貸倒れ〕

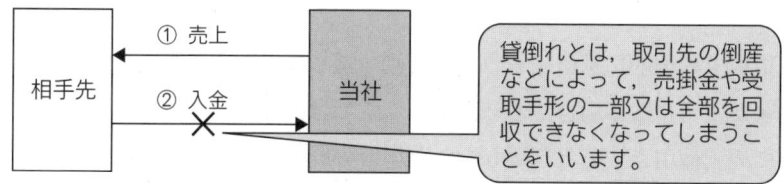

3　滞留債権の対応策

滞留債権が発生した場合，相手先の状況に合わせ対応策を検討する必要があります。まずは相手先への督促を行い代金に回収に努めますが，回収予定日に入金がなく，再三請求しても支払がないような場合には，内容証明等の活用も手段の1つとして考えられます。

〔内容証明〕

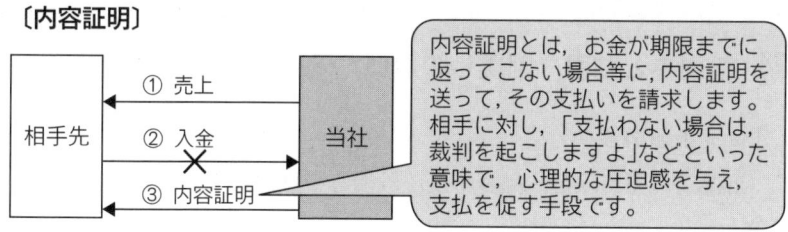

それでも，入金がない場合には決済条件の見直しや取引量の見直し，最終的には取引の停止といったことも含め検討を行います。

売掛債権管理 > 1.4 値引き・割戻し

取引上の契約に基づくものや販売側の落ち度等により当初の売上高や売掛金が変更になる場合があります。ここでは，売上計上後，その売上について売上値引きや売上割戻しをした場合の経理処理に関して学習します。

重要ポイント！
1. 売上値引き・売上割戻しは売上高の変更となり，売上割引は売掛金の変更となります。
2. 売上値引き・割引と売上割戻しでは計上する時期が違ってきます。
3. 売上値引き及び売上割戻しの会計処理は直接控除法と間接控除法の2つがあり，売上割引は営業外費用として取り扱います。

1 値引きと割引，割戻しの違い

① 売上値引き

　商品等の量目不足，品質不良，破損等の理由により，売上代価より控除されるものをいいます。当初の商品等について損傷があったことにより，他の商品等と取り替えた場合は，特に売上金額を修正する必要はありません。

② 売上割戻し

　一定期間に多額又は多量の取引をした得意先に対し，売上代金の一部

を返戻することをいいます。一般的にはリベートと呼ばれています。

③　売　上　割　引

代金支払期日前の支払に対する売掛金の一部免除等をいいます。

2　値引き・割引と割戻しの計上時期の違い

① 　売上値引き・割引

商品等の販売に関係なく，値引き・割引が行われた事業年度で計上します。

②　売上割戻し

相手方との契約内容等によって異なります。算定基準が契約書等に明示されていない場合は，割戻しの通知日又は支払日の属する事業年度の損金となります。逆に，算定基準が販売価額または販売数量によっており，かつ，その基準が相手方に明示されている場合には，原則として販売日の属する事業年度の損金となります。但し，その場合においても，特例として，継続適用を条件に，明示されていない場合と同様に金額の通知または支払ったときに計上することも可能です。

3　値引き・割戻し，割引の会計処理

値引き・割戻しの会計処理は2通りあり，直接控除法と間接控除法があります。

① 　直接控除法

　　売　　上　×××　　　売 掛 金　×××

②　間接控除法

　　売上値引　×××　　　売 掛 金　×××

直接控除法の場合は売上高から直接控除し，間接控除法の場合には，売上高の控除項目として売上とは別に記帳します。

なお，売上割引は早期回収に対する金融費用としての性質を持っているため，営業外費用として取り扱います。

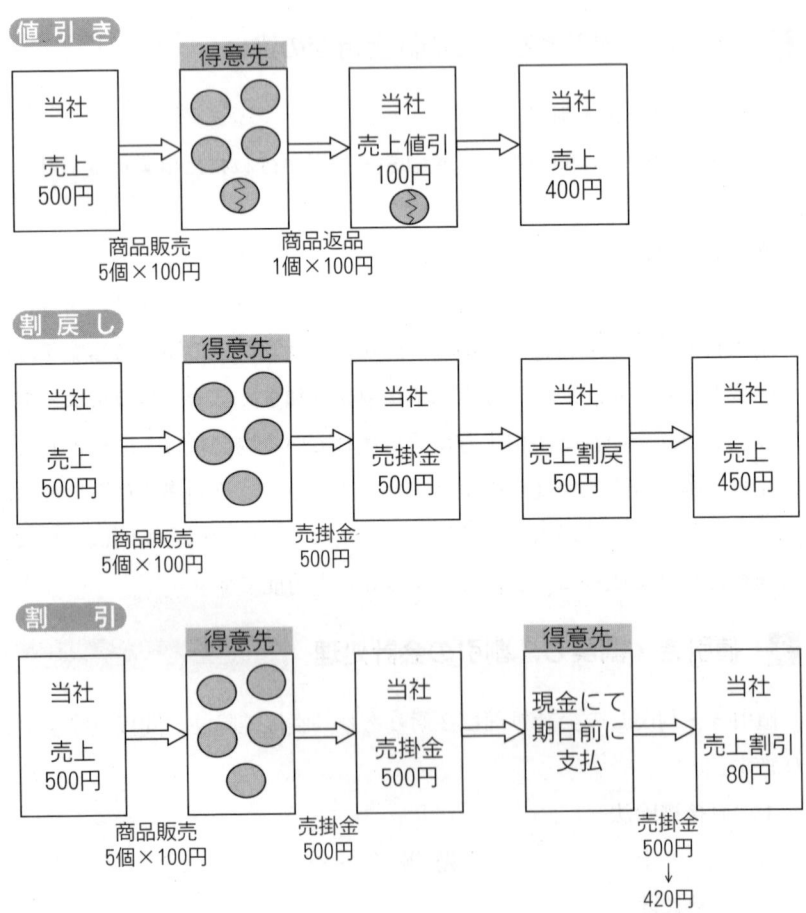

買掛債務管理 > **2.1 購買業務**

購買業務とは，発注から代金支払までの業務をいい，購買業務は企業にとって根幹をなす業務の1つとなっています。

ここでは，購買業務の概要について学習します。

重要ポイント！

1. 購買業務の目的を満たすには，品質・数量・納期・価格の4要素のバランスをとることが大切です。
2. 主な仕入の計上基準には，入荷基準と検収基準があります。
3. 見積書や納品書等と請求書を照合し，請求内容の確認を行います。

1 購買業務の目的

購買業務の目的は，信頼のおける取引先から，適正な品質の商品を，適正な数量，適正な納期，適正な価格で購入し，販売活動や生産活動において安定的に物品の供給を受けられる体制を整備することにあります。購買業務では，品質・数量・納期・価格という4要素はお互いに作用しあっており，バランスをとる必要があります。このうちいずれか1要素でも満足できなければ購買業務の目的は達成されません。

購買先の選定においては，その会社が継続的な取引先としてふさわしいかどうかを検討する必要があり，安定的な購買を行うためには，信頼の置

ける購買先と取引を行うことが大切になります。

〔購買業務〕

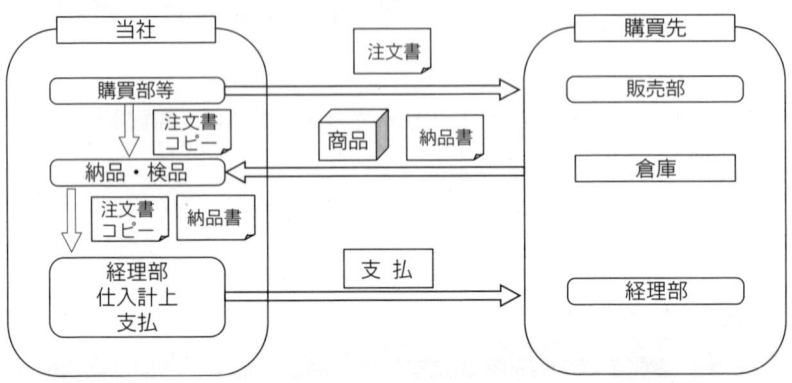

2 仕入の計上基準

仕入の計上基準として考えられる方法はいくつかあります
① 入 荷 基 準…物品が入荷された時点で仕入を計上する方法
② 検 収 基 準…物品を検収した時点で仕入を計上する方法

　上記のうち、一番望ましい方法は検収基準とされます。検収とは、納品を受け発注書との照合終了後の品質検査や動作確認などの作業を指します。また、いずれの方法の場合でも、納品書と請求書との照合を行い仕入金額の確認をする必要があります。

　なお、内部統制という観点においては、検収作業は発注担当者と別の担当者が行うことが望まれます。

3 購買代金の決済手順

購買代金の決済は以下の手順で行われます。
① 請求内容の確認及び債務計上
　見積書や納品書等と請求書を照合し，品目・数量・単価・金額等といった請求内容を確認し請求内容に問題がないことを確認します。確認後，請求内容に基づき買掛金等債務の計上を行いますが，事前に納品書等に基づき債務計上が行われている場合には計上額に相違がないかの確認を行います。
② 支払依頼
　購買代金の支払条件は，各取引先との交渉によって決定されるため，各購買先によって違ってきます。支払依頼をする際は，各購買先の支払条件を確認した上で支払依頼書を作成します。
③ 支払実行
　支払依頼書に基づき各購買先への支払いを行います。その際，支払を実行する担当者と承認する責任者を別にして内部牽制を図るとともに，支払先・支払金額に誤りのないようにします。
④ 債務消込
　支払実施後は仕入先別元帳等の補助簿に転記し，各購買先へ適正な金額の支払いが行われていることを確認するとともに，債務残高に関しても適正であることを確認します。

買掛債務管理 ▶ 2.2 債務残高管理

　定期的に債務残高の確認を行うことは，資金管理という面においても重要になります。ここでは，債務残高の管理について学習します。

重要ポイント！
1．定期的に残高確認を行います。
2．期日別債務管理表を活用し，仕入先ごとの支払状況を確認します。

1　債務残高の確認と管理

　買掛金や未払金などの債務の残高確認は，毎月の支払後など定期的に全仕入先に対して行います。まず，仕入先ごとに前月残高・当月仕入高・当月支払高などを整理し，発生月ごとの残高が確認できる期日別債務管理表を作成します。作成後，仕入先からの請求書と照合し，残高の一致を確認します。照合の結果，残高に不一致が生じる場合には以下のような原因が考えられます。

① 返品や値引き等の手続き・連絡もれによるもの
② 請求書の誤りによるもの（値引き等の記帳もれ，数量・単価の違い等）
③ 会計処理の誤りによるもの（二重計上・計上もれ・相手先違い・金額違い等）

買掛債務管理―債務残高管理

残高の不一致があった場合には，訂正手続きをとるとともに，業務手順の見直しも行い同様の誤りが生じないようにする必要があります。

また，年度末には仕入先とも債務残高の照合を行うことにより，債務残高の認識を合わせるとともに内部統制が図られるようにします。

2 支払管理

買掛金や未払金などの支払は，現金払い，小切手払い，手形払い，銀行振込等に分けられますが，どのように支払うかは，資金繰りの観点から極めて重要な問題となります。そこで，支払状況を確認し期日別残高を管理する必要があります。

支払状況の確認には，期日別債務管理表等を活用します。決められた決済条件により支払われていないもの，長期にわたり未決済になっているものがないかを確認し，原因が自社にあるものに関しては所定の条件どおりに支払います。

また，内部牽制の観点から，支払業務は仕入計上とは別の担当者が行うことが望まれます。

債務管理表

相手先	月初残高	当月発生	当月支払	月末残高	残高仕訳				備考
					当月	前月	前々月	3ヶ月以上	
A商事	1,000	500	800	700	500	200	0	0	
B社	150	0	0	150	0	0	0	150	
合計	1,150	500	800	850	500	200	0	150	

買掛債務管理　2.3　値引き・割戻し

　取引上の契約に基づくものや販売側の落ち度等により当初の仕入高や買掛金が変更になる場合があります。ここでは，仕入計上後，その仕入について仕入値引き・仕入割引や仕入割戻しをした場合の経理処理に関して学習します。

重要ポイント！

1．仕入値引き・仕入割戻しは売上原価の変更となり，仕入割引は買掛金の変更となります。
2．仕入値引き・割引と仕入割戻しでは計上する時期が違ってきます。
3．仕入値引き及び仕入割戻しの会計処理は直接控除法と間接控除法の2つがあり，仕入割引は営業外収益として取り扱います。

1　値引きと割引，割戻しの違い

① 仕入値引き
　商品等の量目不足，品質不良，破損等の理由により，仕入代価から控除するものをいいます。当初の商品等について損傷があったことにより，他の商品等と取り替えた場合は，特に仕入金額を修正する必要はありません。
② 仕入割戻し
　一定期間に一定数量以上の購入をした場合に支払われるもので，商品

買掛債務管理―値引き・割戻し

代金支払後の返戻をいいます。これについては，金融取引ではなく，売価の修正そのものであることから，売上原価の修正項目となります。

③　仕入割引

仕入先へ契約条件より短い期日で代金決済を行うことにより，金利相当分の返金を受けることです。

2 値引き・割引と割戻しの計上時期の違い

① 仕入値引き・割引

商品等の仕入に関係なく，値引き・割引が行われた事業年度で計上します。

② 仕入割戻し

相手方との契約内容等によって異なります。購入日の属する事業年度で計上，仕入割戻し額の通知を受けた日の属する事業年度で計上，現実に割戻しを受けた日の属する事業年度で計上するなどの方法があります。

3 値引き・割引と割戻しの会計処理

値引き・割戻しの会計処理は2通りあり，直接控除法と間接控除法があります。

① 直接控除法

　　買　掛　金　×××　　　仕　入　高　×××

② 間接控除法

　　買　掛　金　×××　　　仕　入　割　引　×××

直接控除法の場合は仕入高から直接控除し，間接控除法の場合には，仕入高の控除項目として仕入高とは別に記帳します。

なお，仕入割引は早期支払に対する金融収益としての性質を持っているため，営業外収益として取り扱います。

在庫管理 > 3.1 残高管理

　棚卸資産とは，販売することを目的とした，商製品，半製品や仕掛品，製造用の原材料のことをいいます。ここでは棚卸資産の在庫管理に関して学習します。

> **重要ポイント！**
> 1．棚卸資産の管理を行うことにより，効率的に収益を獲得することが可能となります。
> 2．適切な在庫管理を行うためには，現物管理・帳簿管理・実地棚卸を確実に行うことが大変重要です。

1 棚卸資産管理の意義

　企業は棚卸資産の販売により収益を獲得します。棚卸資産の管理を行うことにより，顧客の必要とする量の棚卸資産を良好な品質で，タイムリーに販売できるとともに，デッドストック（資産価値のない売れ残り品）の発生を防ぐことが可能となり，余分な経費の発生を抑え，会社は効率的に収益を獲得することが可能となります。

2 棚卸資産の管理方法

　① 現物管理
　　実物の数量を管理することを現物管理といいます。現物管理において

在庫管理―残高管理

は入庫・出庫・保管責任等の役割を明確にし，各業務を行う必要があります。入庫時には，検収作業を行い，検収作業後に仕入計上となります。また，出庫には，販売によるものと移動によるものがありますが，いずれの場合も棚卸資産の不正利用を防ぐため，出荷する品目・数量・出荷先等を確認して出荷する必要があります。

② 帳簿管理

　納品書，請求書，出荷伝票等の証憑に基づいて残高を管理する方法を帳簿管理といいます。

　棚卸資産の入庫・出庫・移動記録をタイムリーに帳簿に記帳し，正確な棚卸資産の残高を把握し，会計帳簿に反映させます。

③ 実地棚卸の実施

　実際に現物を数え，数量や状態を確認することを実地棚卸といいます。

　棚卸しにより実際の数量を把握し，滞留品・不良品などの有無を確かめ，適切に評価するとともに，帳簿残高と照合して実在する棚卸資産の残高を確定させます。

〔商品の流れ〕

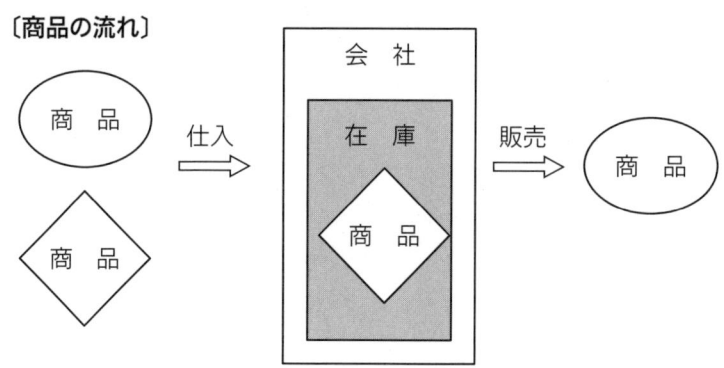

用語の意味：棚卸し

　決算などに商品，材料等の在庫の種類，数量，価額を調査し，評価することをいいます。評価した金額は損益計算書の売上原価や貸借対照表の棚卸資産などに反映されます。

　棚卸しは，年に1回行う企業もあれば，半期に1回，四半期に1回，多いところでは毎月行う企業もあります。

在庫管理 → **3.2 受払管理**

受払管理とは，棚卸資産等の受入（仕入），払出（売上・出庫）を把握することにより数量と金額を管理することです。ここでは，受払管理の意義と評価方法について学習します。

重要ポイント！
1. 正確な在庫管理を行うために，受払管理を行う必要があります。
2. 棚卸資産の在庫管理には，商品有高帳を活用します。
3. 棚卸資産の主な払出方法には，先入先出法・移動平均法・最終仕入原価法があります。
4. 棚卸資産の評価方法は低価法のみとなります。

1 受払管理の意義

棚卸資産の受入，払出を管理することは，正確な在庫管理を行うために必要となります。受払管理により正確な棚卸資産残高を把握することが，過剰在庫を防ぎ，適正在庫を保有するための第一歩となります。

2 商品有高帳の活用

棚卸資産の在庫管理において使用する補助簿として，商品有高帳があります。商品有高帳には受入及び払出を行った数量及び金額を記載することにより残高管理を行います。受払を正確に行うことにより，適切な在庫管

理を行うことが可能となります。

商品有高帳

日付	摘要	受入			払出			残高		
		数量	単価	金額	数量	単価	金額	数量	単価	金額
5/15	購入	10	100	1,000				10	100	1,000
5/16	売上				5	100	500	5	100	500
5/20	購入	5	200	1,000				10	150	1,500

3 棚卸資産の払出方法

棚卸資産の払出に関しては，いくつかの方法があり，代表的なものとして，以下の3つの方法があります。

① 先入先出法…先に受け入れたものから先に払い出たものと仮定して，払出単価を決定する方法
② 移動平均法…受入の都度，平均単価を計算しておき，払出単価を決定する方法
③ 最終仕入原価法…期中において最終に仕入れた1単位当たりの取得価額で評価する方法

これらの払出金額の合計が，損益計算書において売上原価となり，決算日における残高が，貸借対照表における期末在庫となります。

〔設 例〕

仕 入				払 出	
区分	数量	単価	金額	区分	数量
期首繰越	300個	100円	30,000円		
仕入①	600個	120円	72,000円		
				払出①	650個
仕入②	200個	140円	28,000円		
				期末在庫	450個

〔期末在庫の評価金額〕

① 先入先出法

  仕入② 200個×@140円＝28,000円 ⎫
  仕入① 250個×@120円＝30,000円 ⎬ ＝58,000円
   ⎭

② 移動平均法

  仕入①時平均単価（30,000円＋72,000円）/（300個＋600個）

     ＝@113.33円

  仕入②時平均単価｛(900個－650個)×113.33円＋28,000円｝

    /（250個＋200個）＝@125.18円

    450個×@125.18円＝56,331円

③ 最終仕入原価法

    450個×@140円＝63,000円

4 棚卸資産の評価方法

　棚卸資産の評価方法は，従来は原価法と低価法の2つがありました。原価法とは取得価額で計上する方法で，低価法とは時価が原価を下回っている場合に評価損を計上する方法です。企業会計基準第9号「棚卸資産の評

価に関する会計基準」により，2008年4月1日以降開始事業年度からは，棚卸資産の評価方法は低価法（個別法による原価法に基づく低価法）が強制的に適用となっています。

在庫管理 > **3.3 適正在庫管理**

適正在庫とは，品切れを起こさず，過剰な在庫を持たない状態をいいます。必要とする商品等を，必要な時に，必要な数量だけ，必要な所に供給できるような管理が大切になります。

ここでは適正在庫管理について学習します。

> **重要ポイント！**
> 1. 適正在庫とは在庫数量・金額の大小によるメリットとデメリットのバランスがとれた状態のことです。
> 2. 適正在庫を決定する際には，季節変動や景気動向，商品特性といった要因を考慮します。
> 3. 適正在庫の考え方には，総枠管理と単品管理の2つがあります。

1 適正在庫

適正在庫とは，在庫を抱えることによるコストを最小限に抑え，なおかつ効率良く売上に結びついている在庫量及び金額のことをいいます。

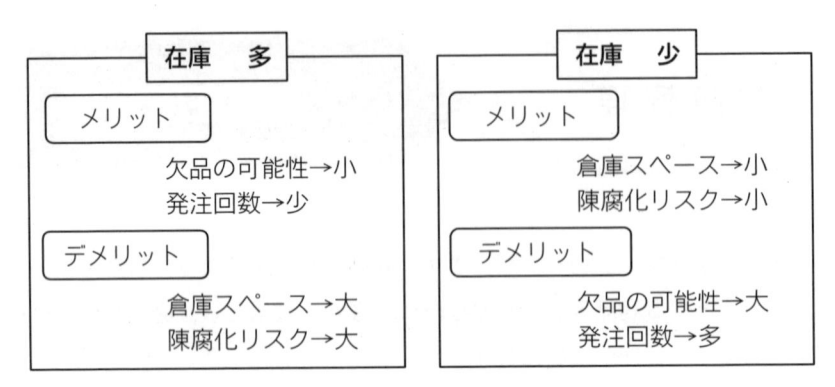

```
┌─────────────────────────┐   ┌─────────────────────────┐
│      在庫　多           │   │      在庫　少           │
│  ┌─────┐                │   │  ┌─────┐                │
│  │メリット│              │   │  │メリット│              │
│  └─────┘                │   │  └─────┘                │
│     欠品の可能性→小     │   │     倉庫スペース→小     │
│     発注回数→少         │   │     陳腐化リスク→小     │
│  ┌──────┐               │   │  ┌──────┐               │
│  │デメリット│            │   │  │デメリット│            │
│  └──────┘               │   │  └──────┘               │
│     倉庫スペース→大     │   │     欠品の可能性→大     │
│     陳腐化リスク→大     │   │     発注回数→多         │
└─────────────────────────┘   └─────────────────────────┘
```

メリットとデメリットをバランスさせるのが適正在庫管理です。

2 適正在庫の捉え方

適正在庫を決定するには，次のような要因を考慮してください。
① 季節変動／景気動向…過去の売れ行き，景気や天候の変化を考慮します。
② 商品特性…腐りやすいもの，長期保存が可能なものなどを考慮します。

3 総枠管理と単品管理

適正在庫の考え方には，総枠管理と単品管理の2つの考え方があります。
① 総枠管理
　企業全体として，どのくらいの在庫金額が適正なのかを重視する考え方です。具体的には，目標の売上高と在庫回転率などを使って適正在庫を決めます。
② 単品管理
　欠品を防止して，なおかつ在庫が過剰にならないことを目指した管理方法です。上限在庫量と，安全在庫量の範囲内で収まるように適正在庫

量を決めます。

　上記のように，全体（総枠管理）と個（単品管理），両方をうまく組み合わせて在庫を管理していくべきです。

固定資産管理　4.1　資産取得

企業では増産，設備の更新，生産ラインの合理化，新製品開発など様々な理由により設備投資を行い，固定資産を取得します。ここでは固定資産を取得するまでの流れや取得時の会計処理について学習します。

重要ポイント！
1. 固定資産の取得に当たっては様々なことを考慮する必要があります。
2. 固定資産の取得は検収が終了した時点になります。
3. 支払については支払もれや二重支払に注意します。
4. 固定資産の取得価額には付随費用を含める必要があります。

1 資産取得申請

固定資産の取得は，企業にとって重要な影響を与えるため，慎重に検討することが必要になります。事前に検討すべきこととしては，下記のことがあげられます。

① 固定資産の取得が企業の損益及びキャッシュ・フローに与える影響
② 資金調達及びその返済方法と償却費・償却期間のバランス
③ ランニングコスト，メンテナンスなど

また，取得形態には購入以外にもリースによる場合もありますので，購入とリースの比較検討も必要になります。

2 資産取得実行

固定資産の取得が承認されたら，次に実行段階に移ります。
① 比較検討…固定資産は通常高額になるため，複数の業者から見積書を取り寄せた上で比較検討を行います。
② 発　　注…業者が特定されたら，注文書を作成し，相手方から注文請書を入手します。発注に当たっては，購入資産の品質，数量，金額，納期などに誤りがないか確認します。
③ 検　　収…発注した固定資産が納品されたら納品書を受領し検収段階に移ります。検収では，注文書の内容と異なるところがないかをチェックする必要があります。検収は発注部署と異なる部署で実施します。
④ 計　　上…検収が完了した段階で，取得者が固定資産の所有者となります。ここで固定資産を資産として計上し，固定資産台帳を作成します。

3 支　払

経理部門では納入業者から送付された請求書の内容について，設備部門から回付される納品書と照合します。請求に間違いがないことが確認できたら，支払を実行します。支払に当たっては，支払もれや二重支払に注意する必要があります。また，支払期間が長期にわたる場合もあり支払期日の管理が重要になりますので，支払予定表を作成して対応します。

4 会計処理

固定資産を購入によって取得した場合の取得価額には，固定資産の対価

に加え，取得に要した付随費用（引取運賃，荷役費，運送保険料，購入手数料，関税など）を含める必要があります。

〔資産取得申請～資産取得・支払（資産取得）フロー〕

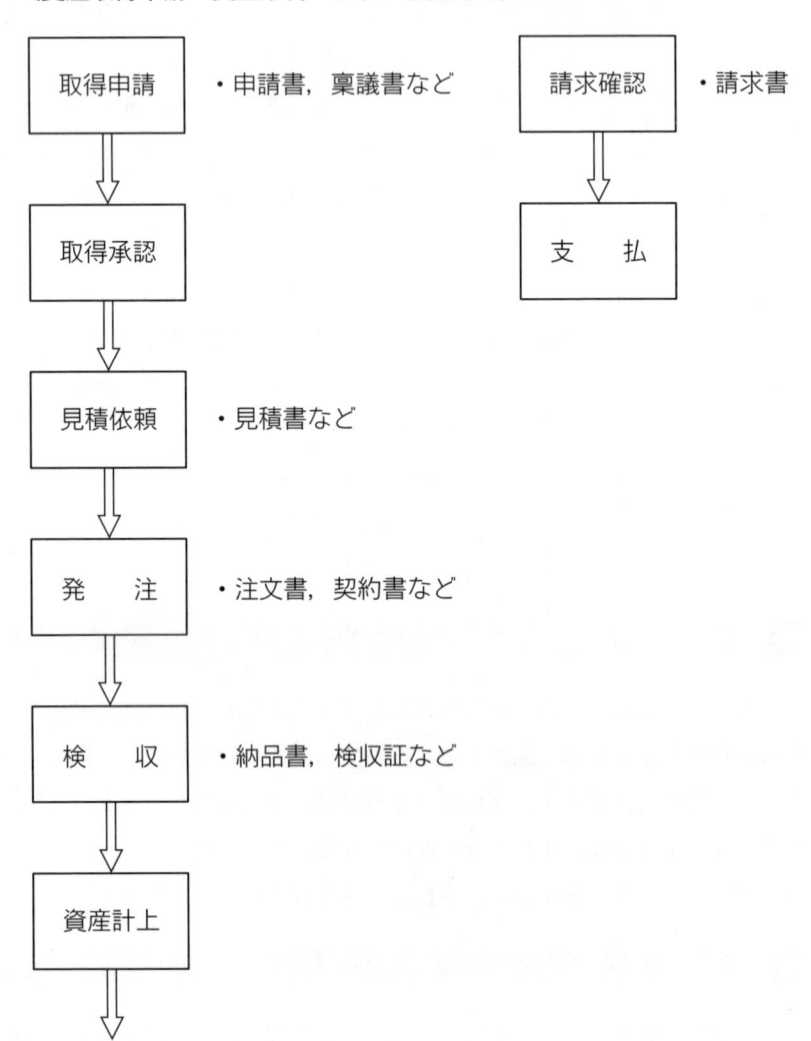

```
┌─────────┐                      ┌─────────┐
│ 取得申請 │ ・申請書，稟議書など  │ 請求確認 │ ・請求書
└────┬────┘                      └────┬────┘
     ↓                                ↓
┌─────────┐                      ┌─────────┐
│ 取得承認 │                      │  支  払  │
└────┬────┘                      └─────────┘
     ↓
┌─────────┐
│ 見積依頼 │ ・見積書など
└────┬────┘
     ↓
┌─────────┐
│ 発  注  │ ・注文書，契約書など
└────┬────┘
     ↓
┌─────────┐
│ 検  収  │ ・納品書，検収証など
└────┬────┘
     ↓
┌─────────┐
│ 資産計上 │
└────┬────┘
     ↓
```

固定資産管理 > 4.2 減価償却費管理

固定資産の取得価額は，購入時にその全額を費用として処理することはできません。その固定資産の耐用年数にわたって費用化する必要があり，これを減価償却といいます。

ここでは，減価償却費の概要について学習します。

> **重要ポイント！**
> 1．減価償却は会計上と税務上で金額が異なる場合があります。
> 2．減価償却の計算の基礎は取得価額，耐用年数，残存価額の3つです。
> 3．減価償却の主な計算方法には，定率法と定額法があります。
> 4．減価償却の計上方法には，直接控除と間接控除があります。

1 減価償却の考え方

減価償却費の金額は耐用年数により異なりますが，この耐用年数は会計上と税務上では必ずしも一致しません。

① 会　計　上…資産の経済的使用可能予測期間を考慮の上，会社が自主的に決定すべき。
② 税　務　上…恣意的にならないように資産の種類と用途により耐用年数が決められている。

このように会計と税務で耐用年数の考え方が異なるため，減価償却費の

金額は両者で一致しない場合がありますが、実務では法人税法の規定に従って計上される場合が多いです。

2 計算の基礎

　減価償却は、取得価額、耐用年数、残存価額の3つを基礎に計算します。このうち残存価額とは、固定資産の耐用年数経過時の処分価値を示します。法人税上の残存価額は、有形減価償却資産・無形減価償却資産とも0となります（平成19年3月31日以前に購入した有形減価償却資産については取得価額の10%）が、備忘として残存簿価が1円までの償却となります。

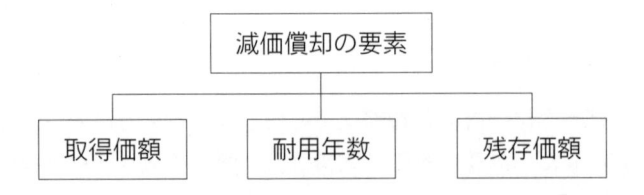

```
              減価償却の要素
       ┌─────────┼─────────┐
     取得価額    耐用年数    残存価額
```

3 償却方法

　代表的な償却方法には、定率法と定額法があり、それぞれ下記の算式により計算します。
　定額法＝取得価額×定額法償却率
　定率法＝(取得価額－減価償却累計額)×定率法償却率
※ただし、上記算式で計算した金額が償却保証額に満たない場合には、その時点の期首簿価に改定償却率を乗じて償却額を算出します。

いずれを採用するかは会社の判断に委ねられていますが，法人税法上は原則として，以下のように定められています。

　　　　　　　有形固定資産……定率法（ただし，平成10年4月1日以後に取得した建物については定額法のみ）

　　　　　　　無形固定資産……定額法

　なお，平成19年3月31日以前に取得した固定資産に関しては，いわゆる旧定額法及び旧定率法が適用されます。

　旧定額法＝（取得価額－残存価額）×旧定額法償却率

　旧定率法＝（取得価額－減価償却累計額）×旧定率法償却率

　旧定額法・旧定率法とも取得価額の5％まで償却が達した場合には，以後5年間で残存簿価を1円として，均等額を償却することになります。

〔減価償却の方法〕

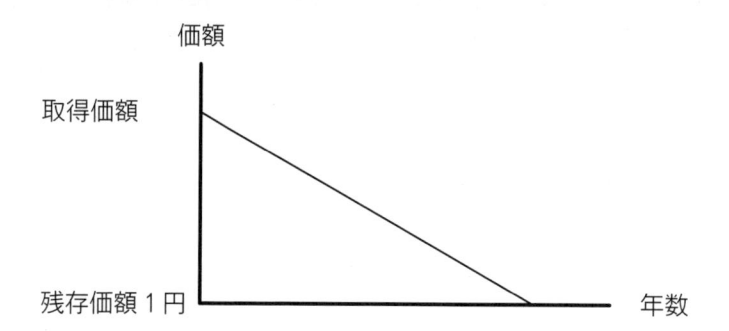

> **定　額　法**
> 定額法とは，取得価額から残存価額を控除した額に一定割合を乗じた金額を減価償却費として費用化する方法で，毎期の減価償却費は一定となります。

> **定 率 法**
> 定率法は帳簿価額に一定割合を乗じた金額を減価償却費として費用化する方法で，早期に多額の減価償却費を計上することとなります。

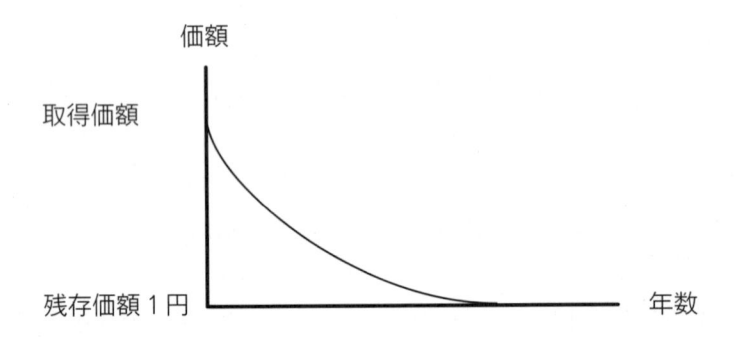

価額

取得価額

残存価額1円　　　　　　　　　　　　　　年数

4　減価償却の計上方法

　減価償却の計上方法については，固定資産から直接減額する方法（直接控除法）と減価償却累計額を使用する方法（間接控除法）があります。
　有形固定資産に関してはどちらの方法も可能ですが，無形固定資産に関しては直接控除法のみとなります。
　（仕訳例）
　直接控除法　減価償却費　×××　　固　定　資　産　×××
　間接控除法　減価償却費　×××　　減価償却累計額　×××

固定資産管理 > **4.3 現物管理**

資産

債権や在庫と同様に,固定資産は企業の重要な資産ですので,現物管理は重要です。ここでは現物管理のもとになる固定資産台帳の作成や現物実査の方法について学習します。

> **重要ポイント！**
> 1. 固定資産台帳は固定資産を取得時に作成し,必要に応じて更新します。
> 2. 固定資産の管理は,帳簿だけでなく,資産状況の確認が必要です。

1 固定資産台帳の作成・更新

(1) 固定資産台帳の作成

固定資産は,検収が完了した段階で資産として計上し固定資産台帳を作成します。固定資産台帳とは,固定資産の管理を目的に作成される帳簿で,固定資産の種類ごとに作成されます。

記載項目:番号,名称,種類,取得日,取得価額,数量,償却方法,耐用年数,所在場所,管理部門,構造,細目,用途,担保権の設定,貸付状況,その他(移動,除却,売却,休止,メンテナンスの履歴など)

なお，取得時には，現物管理しやすくするために，現物に番号を付したタグを貼り付けておくことが望ましいです。

(2) 固定資産台帳の更新

固定資産台帳は，記載されている内容に変動が生じた場合には，その都度その内容を更新します。例えば，固定資産が工場間で移動した場合や，除却された場合には速やかにその内容を確認し，固定資産台帳を更新する必要があります。担保権が設定された場合や，貸付けに供した場合も同様です。

2 現物管理

(1) 現物管理の重要性

固定資産は，取得後長期間にわたり使用していくので継続的に管理することが重要となります。固定資産を管理するには，固定資産台帳による帳簿管理だけでなく，定期的に現物を確認する必要があります。

(2) 現物管理の方法

① 責任者の選定と実査の依頼

現物管理に当たっては，資産ごとに管理部署・管理責任者を定めます。固定資産の現物実査は，まず管理部署へ実査の依頼をすることから始まります。依頼内容は，固定資産の有無や稼動状況，故障・滅失の有無等の確認になります。

② 内容の確認と台帳の更新

次に，管理部署から実査の報告を受けたら，固定資産台帳の内容を確認した上で，報告事項と異なる点がないか検討します。不突合部分が生じたら，その内容を確認し，必要に応じて固定資産台帳を更新します。最後に，実査報告を作成し，承認を得ます。

固定資産管理　4.4　資産評価（減損）

　減損会計とは，資産を将来現金を生み出すものと考え，その資産が将来期待していた現金を生み出すことができなくなった場合に適用される会計手法です。ここでは減損会計の基本的な考え方を学習します。

> **重要ポイント！**
> 1. 減損会計は，資産のグルーピング，減損の兆候の把握，減損損失の認識，減損損失の測定，会計処理という一連の流れになります。
> 2. 減損損失の認識では，割引前将来キャッシュ・フローの総額という概念が，また減損損失の測定では，回収可能価額という概念が重要です。

1　減損会計の流れ

(1)　資産のグルーピング

　複数の資産が一体となって独立したキャッシュ・フローを生み出すと考えられる場合には，これらの資産を1つの資産グループとしてグルーピングします。グルーピングにあたっては，収支のデータが，工場や店舗などの資産に対応して継続的に把握されている場合の区分などが考慮されます。

(2) 減損の兆候の把握

　次に資産グループごとに，減損が発生している兆候の有無を把握します。例えば，資産グループが使用されている営業活動から生ずる損益またはキャッシュ・フローが，継続してマイナスになっているか，あるいは継続してマイナスになる見込みであるなどの場合には，減損の兆候があるとされます。減損の兆候がある資産グループのみが次の段階に進みます。

〔減損の兆候（例示）〕
・営業活動から生ずる損益又はキャッシュ・フローが継続してマイナスとなっているか又はマイナスとなる見込みの場合
・使用範囲又は方法について回収可能価額を著しく低下させる変化が生じたか又は生ずる見込みの場合
・経営環境の著しい悪化又は悪化する見込みの場合
・市場価格の著しい下落の場合

(3) 減損損失の認識

　資産グループから得られる割引前将来キャッシュ・フローの総額が，現在の帳簿価額を下回っている場合に，減損損失を認識します。割引前将来キャッシュ・フローの見積り期間については，資産の経済的残存使用年数と20年のいずれか短い方になります。減損損失が認識される資産グループのみが次の段階に進みます。

固定資産管理―資産評価（減損）

〔減損損失の認識〕
① 資産グループから得られる割引前将来キャッシュ・フローの総額（A）と，資産グループの簿価（B）との比較
　　A ＜ B → 減損損失を認識する
② 割引前将来キャッシュ・フローの見積り期間
　　資産グループの中の主要な資産の経済的残存使用年数 ┐ どちらか
　　20年 ┘ 短い年数

(4) 減損損失の測定

　減損損失の金額は，帳簿価額から回収可能価額を控除して算定します。回収可能価額とは，正味売却価額と使用価値のいずれか高い方となります。正味売却価額とは，その資産の時価から処分費用見込額を控除した金額を，また使用価値とは，その資産を使用して得られる将来キャッシュ・フローの割引現在価値を意味します。

〔減損損失の測定〕

　　　　帳簿価額－回収可能価額＝減損損失
　　　　　　　　　　　＝
　　　　　　正味売却価額 ┐
　　　　　　　　　　　　├ 高い金額
　　　　　　使用価値　　 ┘

⑸ 会計処理

　減損損失を財務諸表に反映します。貸借対照表では，固定資産について簿価を減損損失の分だけ減額します（原則は直接控除方式）。損益計算書には各固定資産の減損損失の合計額を減損損失として計上します（原則は特別損失）。

2　割引前将来キャッシュ・フローの総額と回収可能価額

　減損損失を認識する際の割引前将来キャッシュ・フローの総額と減損損失を測定する際の回収可能価額は，いずれも当該資産から得られるキャッシュ・フローを意味しますが，前者は現在価値に割り引く前の金額であるのに対し，後者は現在価値で割り引いた金額である点が異なります。

固定資産管理 > 4.5 メンテナンス対応

固定資産は，その利用や時の経過とともに消耗していきます。また，故障や破損などが生じることもあります。このような場合にはメンテナンスや修繕が必要となりますが，ここではその際の会計処理を中心に学習します。

> **重要ポイント！**
> 1．メンテナンスや修繕は，資産の現状を確認し，承認を得た上で実行する必要があります。
> 2．会計処理には，修繕費として処理する場合と資本的支出として処理する場合があります。

1 メンテナンス申請・実行

(1) 長期計画の作成

長期間にわたり使用する固定資産については定期的にメンテナンスを実行するためにあらかじめメンテナンスの実行計画を作成しておきます。

(2) メンテナンスの実行

実行に当たっては固定資産の現状を確認の上，必要があると認められる場合には承認を得た上で実行します。突発的な故障や破損が生じた場合にも，現状を確認し，承認を得た上で修繕等の必要な措置をします。メンテナンスや修繕等が高額になる場合には，複数の業者から見積りを取り寄せた上で比較検討することが大事です。

2 会計処理

　メンテナンスや修繕等を実施した場合の会計処理には注意が必要です。なぜなら，これらに要した支出額は，原則として発生時の費用となります（修繕費）が，内容によっては一時の費用ではなく資産として計上する必要がある場合（資本的支出）もあるからです。

① 修　繕　費…その支出が通常の維持管理に要するもの，あるいは原状回復のために要したものは修繕費として処理する。
　　　　　　　〔例〕機械装置の移設費用や建物の外壁の塗装工事など
② 資本的支出…資産の価値を増加させたり耐用年数を延長するものであれば資本的支出として資産に計上した上で，減価償却していく必要がある。
　　　　　　　〔例〕用途変更のための模様替えや，建物の避難階段の取付けなど

　しかし，修繕費と資本的支出を明確に区分することは実務上困難な場合も予想されますので，法人税法では一定の基準を設けています。

① 1つの修理や改良のために支出した費用が20万円未満の場合，あるいはおおむね3年以内の周期で修理や改良が行われている場合には，修繕費として処理することができます。
② 修繕費であるか資本的支出であるか明らかでないものについては，支出額が60万円未満の場合，あるいは支出額がその固定資産の前期末の取得価額のおおむね10％相当額以下である場合には，修繕費として処理することができます。
③ 修繕費であるか資本的支出であるか明らかでないものについては，継続適用を条件として，その金額の30％相当額とその固定資産の前期末の取得価額の10％相当額とのいずれか少ない金額を修繕費とし

固定資産管理―メンテナンス対応

て処理することができます。

〔資本的支出と修繕費の判定基準〕

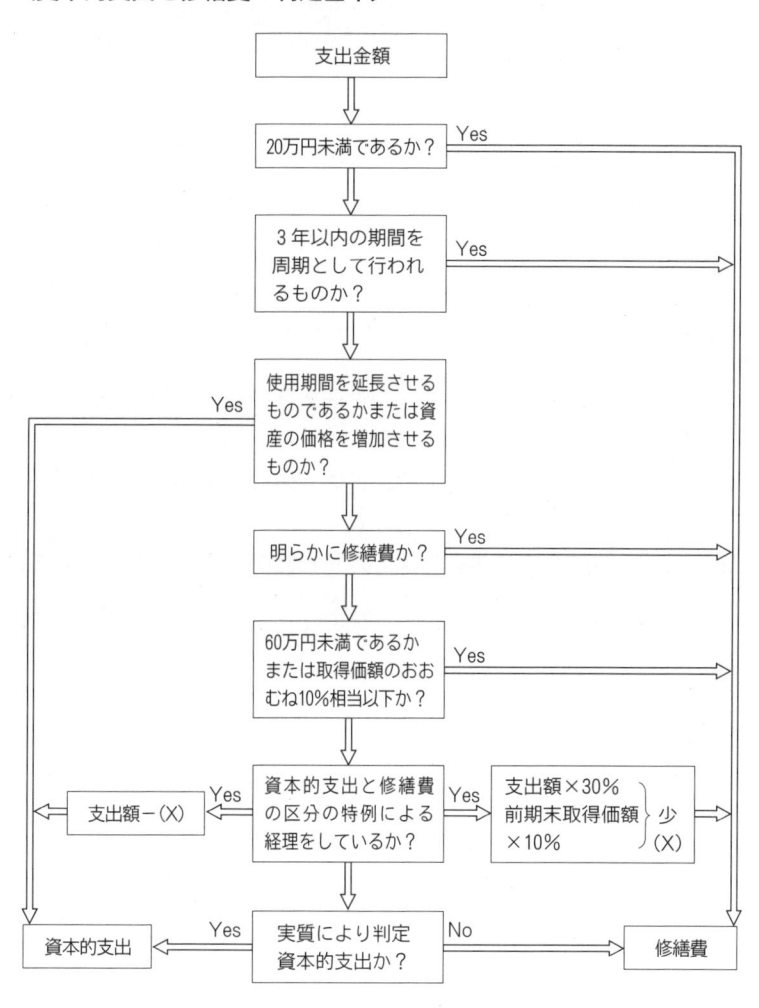

```
           ┌─────────┐
           │  支出金額  │
           └────┬────┘
                ↓
        ┌──────────────┐  Yes
        │20万円未満であるか？├──────────────→
        └──────┬───────┘
               ↓ No
        ┌──────────────┐
        │ 3年以内の期間を │  Yes
        │ 周期として行われ ├──────────────→
        │  るものか？    │
        └──────┬───────┘
               ↓ No
        ┌──────────────┐
        │使用期間を延長させる│
   Yes  │ものであるかまたは資│
 ←─────┤産の価格を増加させる│
        │  ものか？     │
        └──────┬───────┘
               ↓ Yes
        ┌──────────────┐  Yes
        │ 明らかに修繕費か？├──────────────→
        └──────┬───────┘
               ↓ No
        ┌──────────────┐
        │60万円未満であるか│  Yes
        │または取得価額のおお├──────────────→
        │むね10％相当以下か？│
        └──────┬───────┘
               ↓ No
        ┌──────────────┐      ┌──────────┐
        │資本的支出と修繕費│ Yes │支出額×30％│ 少
←支出額-(X)─┤の区分の特例による├─────→│前期末取得価額├(X)
        │経理をしているか？│      │  ×10％   │
        └──────┬───────┘      └──────────┘
               ↓ No
        ┌──────────────┐  No
 資本的支出←Yes┤実質により判定  ├──────────→ 修繕費
        │ 資本的支出か？ │
        └──────────────┘
```

47

固定資産管理　　4.6　資産移動・売却・除却

　固定資産は長期にわたり使用していきますので，その間に設置場所が変更になったり，売却したり，故障や寿命により除却することもあります。ここではこのような場合の処理について学習します。

重要ポイント！
1. 固定資産の移動については，管理部署の変更や所在場所の確認に注意が必要です。
2. 固定資産の売却・除却については，処分費用の見積りや証拠資料の入手が重要です。
3. 売却・除却の会計処理には，処分損益の算定に注意が必要です。

1　固定資産の移動

① 承認，実行，更新

　固定資産の使用期間中に，その資産の設置場所が変わることがあります。固定資産の移動については，社内規程に従い承認を得た上で実施し，管理部署は経理部門へ報告をします。また，固定資産台帳の内容についても更新が必要になります。

② 留　意　点

　固定資産に移動が生じた場合には，管理部署が変わることに注意しな

ければなりません。また，固定資産の所在する市町村が変わる場合には償却資産税の申告手続にも影響があるので，経理部門は移動があった場合には資産の設置場所を確認する必要があります。

2 固定資産の売却・除却

① 承認，実行

固定資産を売却又は除却する場合には，その資産の使用部門からの申請により，社内規程に従い承認を得た上で実行する必要があります。売却や除却を検討するに当たっては，これを実行するためにどの程度の費用が必要になるかを事前に見積もることも重要です。また，実行に当たっては，その事実を証拠として残すために，引取業者や処分業者から証明書等を入手しておくことが望ましいです。

② 更　新

固定資産の売却又は除却が生じた場合には，管理部署から経理部門に報告をします。また，固定資産台帳についても更新が必要です。経理部門はこれらに係る稟議書等と実際に売却・除却があったことを証する証憑書類をもとに会計処理をします。

3 会計処理（除却，売却）

固定資産を除却した場合には，除却時の帳簿価額を固定資産除却損等の勘定に計上します。固定資産を売却した場合には，売却時の帳簿価額と売却価額との差額を固定資産売却損益等として処理します。除却損，売却損益いずれも原則として特別損益に計上しますが，金額が僅少な場合は，営業外損益に計上できます。

〔資産移動・売却・除却（資産移動・売却・除却）フロー〕

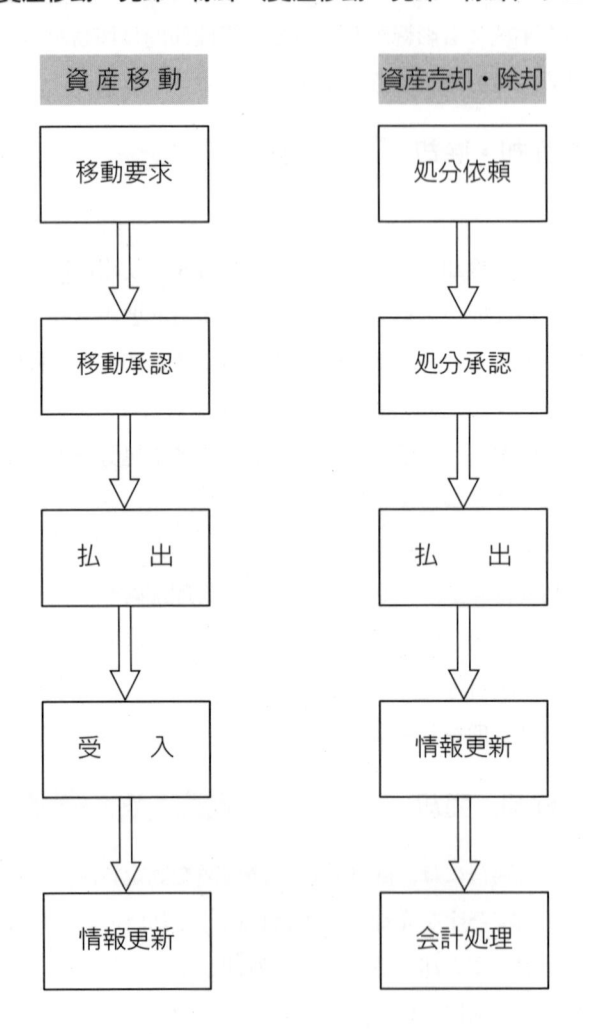

資 産 移 動	資産売却・除却
移動要求	処分依頼
↓	↓
移動承認	処分承認
↓	↓
払　　出	払　　出
↓	↓
受　　入	情報更新
↓	↓
情報更新	会計処理

固定資産管理 > **4.7 リース管理**

　固定資産を自社で取得するのではなく，リースにより利用することがあります。ここではリースの種類やリース資産の管理などについて学習します。

> **重要ポイント！**
> 1. リースには，ファイナンス・リースとオペレーティング・リースがあります。
> 2. リース資産についても，台帳管理と現物管理が必要です。
> 3. 新リース会計基準の適用により，リースの契約時期によって会計処理の扱いが変わってきます。

1 リースの種類

　リースには，大きくファイナンス・リースとオペレーティング・リースの2種類があります。
　① ファイナンス・リース
　　ファイナンス・リースとは，リース期間の中途で契約を解除することができないこと（中途解約不能），リース会社がリース物件を取得・維持するに必要なコストのほぼ全額をユーザーが負担すること（フル・ペイアウト）という2つの要件を満たすリースをいいます。
　　中途解約ができないので，リース物件が不要となってもユーザーはリー

ス料を期間満了まで支払い続けるか，残リース料相当額の損害金を支払って契約を解除することになります。また，リース料はリース会社の取得価額，金利，保険料，税金，管理費などから構成されていますが，リース期間中は定額です。わが国のリース契約のほとんどがファイナンス・リースと言われています。

② オペレーティング・リース

オペレーティング・リースとは，ファイナンス・リース以外のリースをいいます。すなわち，中途解約不能とフル・ペイアウトのいずれかの要件を満たさない場合です。オペレーティング・リースは，航空機や自動車など中古市場が整っていることが前提となっています。

2 リース資産の管理

リース資産については，法律上の所有権はリース会社にありますが，ユーザーがその資産を利用しますので，リース資産を管理することが必要になります。

① 台帳の作成と現物管理

まず，リース資産を管理するための台帳を作成します。台帳には，番号，名称，リース契約日，リース料支払日，リース料支払額，支払回数，設置部署，管理部署などを記載します。また，台帳による管理だけでなく，リース資産の定期的な現物管理も必要になります。

② 留意点

リースは，物件が搬入され，ユーザーが瑕疵（きず，欠陥）のないことを確認し，リース会社に物件借受証を発行したときから開始しますが，その後にリース資産に欠陥が見つかっても，ユーザーはリース契約の解除をすることはできません。また，リース資産の保守・修繕義務は，利用者であるユーザーにあります。さらに，リース資産が契約の中途でリー

ス会社・ユーザーいずれの責任にもよらない事由で滅失・毀損した場合，その損害はユーザーが負担することになっています。

3 新リース会計基準

平成20年4月1日以後開始する事業年度より，新リース会計基準が適用されています。従来の基準との主な違いとしては所有権移転外ファイナンス・リース取引の資産・負債を計上しない（オフバランス）が原則廃止となり資産・負債に計上（オンバランス）となっていることがあげられます。但し，この基準の適用を受けるのは上場会社，会社法上の大会社（資本金5億円以上又は負債総額200億円以上の会社）及び連結子会社・持分法適用会社となります。逆に中小企業（会社法上の大会社以外の会社）に関しては引き続き従来どおり賃貸借処理が可能となっています。なお，新リース会計基準適用対象会社であっても少額リース取引（リース総額300万円以下のもの，リース期間が1年以内のもの等）も賃貸借処理が可能となっています。

固定資産管理　＞　**4.8　固定資産税申告・納付**

　固定資産税は不動産（土地・家屋）と償却資産について課される税金です。ここでは固定資産税に関する基礎的なことについて学習します。

> **重要ポイント！**
> 1．固定資産税は，土地・家屋の所有者に対して課される税金です。
> 2．償却資産税は，毎年，所定の時期に申告が必要です。
> 3．都市計画税が課される場合があります。

1　固定資産税とは

① 概　　要

　固定資産税は，その年の1月1日現在の土地及び家屋の所有者に対して課される税金です。固定資産税の課税団体（租税を課する権限を与えられた団体）は，土地及び家屋の所在する市町村になります。

② 課　税　方　式

　固定資産税の課税は，市町村の賦課決定により行われます。賦課決定とは，国又は地方公共団体が税額を計算し，納税義務者に通知し，その通知によって納税する制度をいいます。固定資産税については，毎年，4月以降に市町村から土地・家屋の所有者に対し，納税通知書が送付されます。納税は，通常，年4回に分割して行います。もちろん，一括し

固定資産管理―固定資産税申告・納付

て納付することも可能です（市町村により報奨金が交付される場合があります）。

③　固定資産の価格，税率

固定資産税の課税標準（税額計算の基礎となる金額）は，原則として，固定資産の価格で，毎年3月末に市町村長が決定し，固定資産課税台帳（固定資産の状況や価格を明らかにするために作成された台帳）に登録します。納税義務者は，自己の資産について固定資産課税台帳を年間を通じて閲覧することができます（借地人・借家人も借地・借家対象資産について閲覧可）。土地・家屋の価格は3年に1度評価替えが行われます。税率は原則として1.4％です。

④　都市計画税

都市計画税とは，都市計画事業又は土地区画整理事業を行う市町村により土地・家屋の所有者に対して課される税金で固定資産税とともに賦課徴収されます。

2　償却資産税とは

①　概　　要

償却資産とは，土地・家屋以外に事業の用に供することができる資産をいいます（ただし，鉱業権，特許権などの無形固定資産や自動車税・軽自動車税の課されるもの等一定のものを除きます）。償却資産税は，その年の1月1日現在の償却資産の所有者に対して課される税金です。償却資産税の課税団体は，償却資産の所在する市町村になります。

②　償却資産税の申告

償却資産の所有者は，毎年1月1日現在における償却資産の状況などを1月31日までに申告する必要があります。償却資産税の課税標準は，償却資産の評価額の合計額と理論帳簿価額の合計額のいずれか多い額

(いずれも取得価額を基礎とし，取得後の経過年数に応ずる減価を考慮したもの）で，申告及び調査に基づいて決定されます。税率は原則として1.4%です。

納税義務者	1月1日現在，土地，家屋及び償却資産の所有者として固定資産課税台帳に登録されている者
税額の計算	課税標準額（価格）×1.4% 固定資産の価格とは，総務大臣が定めた固定資産評価基準に基づいて評価された額を知事又は市町村長が決定し，固定資産課税台帳に登録したものをいう
免税点	同一市町村内の課税標準額の合計が次の金額に満たない場合には課税されない 　　土　　地　　　30万円未満 　　家　　屋　　　20万円未満 　　償却資産　　　150万円未満
納　期	4月，7月，12月及び2月中において市町村の条例による

ソフトウェア管理　5.1 制作

ソフトウェアとは，コンピュータを機能させるよう指令を組み合わせたプログラム等のことをいいます。ソフトウェアは無形固定資産に含まれます。ここではソフトウェアの取扱いについて学習します。

> **重要ポイント！**
> 1. ソフトウェアの範囲を確認します。
> 2. ソフトウェアの制作目的には，受注目的・販売目的・自社利用目的があります。
> 3. 制作目的により会計処理が異なります。

1 ソフトウェアの範囲

ソフトウェアとは，コンピュータを機能させるように指令を組み合わせて表現したプログラム等をいい，その範囲は以下の通りです。

① コンピュータに一定の仕事を行わせるプログラム
② システム仕様書，フローチャート等の関連文書

ソフトウェアを制作する場合には，その目的が何であるか，採算は取れるのかなどのシミュレーションを行い，分析が必要です。その上で，ソフトウェアの制作実行に移ります。ソフトウェアに関しては，制作目的の違いにより，その資産区分や会計処理が異なります。

2 制作目的

ソフトウェアの制作目的には以下のようなものがあります。
① 受注目的…特定のユーザー向けにソフトウェアを制作し，納品することを目的とするもの
② 販売目的…不特定多数のユーザー向けに開発した各種ソフトウェアを納品することを目的とするもの
③ 自社利用目的…自社の社内業務等に使用することを目的とするもの

3 制作目的による会計処理の違い

ソフトウェアの会計処理は制作目的により異なります。

目　　的			会計処理
受注目的			請負工事に準じて 未完成品…仕掛品 完成品…売上原価
研究開発			研究開発費
研究開発以外	販売目的	マスター制作費	研究開発費
		上記以外	ソフトウェア
	自社利用目的		ソフトウェア

会計上は費用処理をした場合でも，税務上は無形固定資産のソフトウェアに該当することもあります。

ソフトウェア管理 > 5.2 残高管理

ソフトウェアは，無形固定資産として資産に計上されるため，台帳などによる管理が必要となります。ここでは，ソフトウェアの残高管理について学習します。

重要ポイント！
1. ソフトウェアの残高管理は台帳を利用して継続的に行います。
2. バージョンアップ時の支出は，資本的支出となり資産計上が必要となることがあります。
3. ソフトウェアを除却した場合は証拠を残す必要があります。

1 ソフトウェアの残高管理

ソフトウェアの残高は，新規の購入，除却，又は，現状の変更などを行った際に記入し，常に現状の残高を把握できるようにしておくことが必要です。台帳には，番号，名称，種類，取得日，取得価額，数量，償却方法，耐用年数などを登録します。

2 バージョンアップと資本的支出

市場販売目的のソフトウェアの価値を高めるために行われたバージョンアップで，新たに機能を追加したり，利便性を向上させるなどを行った場合の支出に関しては，資本的支出として資産計上され，そのバージョンアッ

プを行ったソフトウェアの未償却残高に合算します。自社利用目的のソフトウェアに関して，バージョンアップにより費用削減や新たな収益獲得に効果がある場合には，その自社利用目的のための支出は資本的支出として資産計上します。

3 ソフトウェアの除却

ソフトウェアの除却に関しては，税務上以下のような場合に認められます。その場合において，ソフトウェア自体は無形のものであるため，除却したことを明らかに示す証拠を保存する必要があります。

① 自社利用目的のソフトウェア

そのソフトウェアによるデータ処理の対象となる業務が廃止され，当該ソフトウェアを利用しなくなったことが明らかな場合，又はハードウェアやオペレーティングシステムの変更等によって他のソフトウェアを利用することになり，従来のソフトウェアを利用しなくなったことが明らかな場合

② 販売目的のソフトウェア

新製品の出現，バージョンアップ等により，今後，販売を行わないことが社内稟議書，販売流通業者への通知文書等で明らかな場合

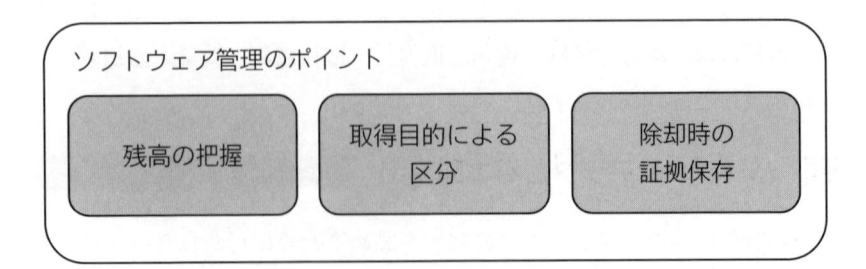

```
┌─────────────────────────────────────────────────┐
│ ソフトウェア管理のポイント                      │
│  ┌──────────┐  ┌──────────┐  ┌──────────┐       │
│  │ 残高の把握│  │取得目的による│  │ 除却時の │       │
│  │          │  │  区分     │  │ 証拠保存 │       │
│  └──────────┘  └──────────┘  └──────────┘       │
└─────────────────────────────────────────────────┘
```

ソフトウェア管理 > 5.3 減価償却費管理

ソフトウェアに関しては，会計上と税務上で処理が異なります。ソフトウェアは会計上と税務上のそれぞれの金額を区別して管理することが必要となります。ここではソフトウェアの償却計算に関して学習します。

> **重要ポイント！**
> 1. ソフトウェアは会計上と税務上でその取扱いが異なります。
> 2. ソフトウェアの償却方法は定額法になります。
> 3. ソフトウェアに関する償却費の計上方法は直接控除法になります。

1 ソフトウェアの取扱い

ソフトウェアに関しては，その取扱いが会計上と税務上で異なっています。

例えば，特定の研究開発の目的で開発されたソフトウェアに関しては，会計上は研究開発費として一括で費用処理しますが，税務上は無形固定資産として取り扱います。また，研究開発目的以外のソフトウェアに関しては耐用年数の扱いに相違があります。したがって，資産計上される金額及び償却額がそれぞれ異なる場合があるため，会計上と税務上の残高管理を別々に行う必要があります。

会計上と税務上の処理方法の違い

用途区分		企業会計上	税務上
研究開発用		費用処理	定額法（3年）
研究開発以外	複写して販売するための原本	原則3年以内で毎期均等額以上を償却	定額法（3年）
	自社利用目的	原則5年以内で毎期均等額以上を償却	定額法（5年）

2 ソフトウェアの償却方法

償却方法は，定額法のみであり，償却額は下記の算式により計算します。

当期償却額＝支出金額×当期償却期間月数÷償却期間の月数

3 ソフトウェアに関する償却費の計上方法

ソフトウェアに関する償却費の計上方法は，ソフトウェアは無形固定資産に属するため帳簿価額から直接減額する方法（直接控除法）のみとなります。

また，仕訳の借方は有形固定資産と同様に減価償却費となります。

（仕訳）　減価償却費　×××　　　ソフトウェア　×××

2 決　　算

1　月次業績管理
2　単体決算業務
3　連結決算業務
4　外部開示業務

月次業績管理 > **1.1 月次決算**

　月次決算は，会社法などの規定による期末決算とは別に，予算実績の比較，前期との業績比較など，経営判断に必要な情報を得るために月々行われる決算のことをいいます。ここでは，月次決算の概要について学習します。

> **重要ポイント！**
> 1．決算時にあわてないように日常業務を滞りなく進めておくことはとても大切です。
> 2．月次決算の実施において注意すべき点を確認します。

1　月次決算の事前準備

① 月次決算の目的
　月次決算は，会社の営業成績や財政状況を早期に把握し，経営判断をしやすくするために行われるものです。

② 日常業務
　月次決算を迅速に行うために，日常業務を滞りなく進めておくことが重要です。日常業務の具体例としては，現金・預金伝票の起票，仮払金・仮受金の整理などがあげられます。

③ 伝票の締切日の確認
　月次決算における伝票締切日を関連部署に連絡をし，提出が遅れている部署への督促を行います。

2　月次決算の実施

① 月次決算における決算整理

月次決算は，決算期における決算のように，法律的な規制はないため，会社が独自に計上基準を決めることができます。月次決算の本来の目的である，経営判断資料の早期作成ということを踏まえて，正確性よりも明確にわかりやすい基準で，処理する会社が多いようです。

② 現金・預金勘定の確認

月次決算は，まず現金・預金勘定を合わせる作業から実施します。未取付小切手（振出後に換金されていない小切手）などがある場合には，銀行勘定調整表を作成し，預金残高と勘定残高の差額を把握するようにします。

③ 仮勘定の整理

仮払金や仮受金などを適正な科目へ振り替えます。

④ 減価償却費の計上

月末において所有する固定資産につき，当月分の減価償却費を計上します。年間分の減価償却費を月数按分して，端数を年度末に調整する方法が多く採用されています。

⑤ 各種引当金の計上

賞与引当金や退職給付引当金などは，支給月や年度末に大きな金額が計上されることが予想されますので，損益状況の実態を把握しやすくするために，年間の概算予想額を月数按分したり，前期計上金額を仮の金額として計上するなど，月次決算において，概算金額を計上しておきます。

月次決算　⇒　経営管理が目的

年度決算　⇒　会社法・金融商品取引法に基づく決算

〔月次決算　業務フロー〕

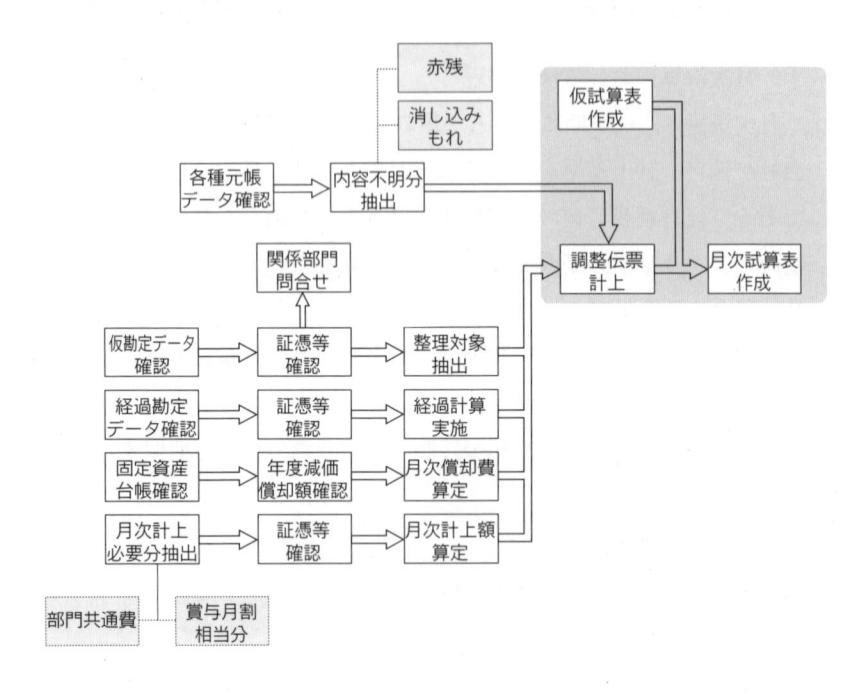

```
                                            ┌──────┐
                                            │ 赤残 │
                                            └──┬───┘
                                            ┌──┴────┐
                                            │消し込み│
                                            │ もれ  │
                                            └──┬───┘
    ┌──────────┐    ┌──────────┐              ┌────────┐    ┌──────────┐
    │各種元帳  │───▶│内容不明分│              │仮試算表│───▶│          │
    │データ確認│    │  抽出    │──────┐       │  作成  │    │          │
    └──────────┘    └──────────┘      │       └────┬───┘    │          │
                                      │            ▼        │          │
                        ┌──────────┐  │       ┌─────────┐   │月次試算表│
                        │関係部門  │  └──────▶│調整伝票 │──▶│  作成    │
                        │ 問合せ   │          │  計上   │   │          │
                        └──────────┘          └─────────┘   └──────────┘
                             ▲                     ▲
    ┌──────────┐    ┌──────────┐    ┌──────────┐  │
    │仮勘定    │───▶│証憑等    │───▶│整理対象  │──┤
    │データ確認│    │  確認    │    │  抽出    │  │
    └──────────┘    └──────────┘    └──────────┘  │
                                                   │
    ┌──────────┐    ┌──────────┐    ┌──────────┐  │
    │経過勘定  │───▶│証憑等    │───▶│経過計算  │──┤
    │データ確認│    │  確認    │    │  実施    │  │
    └──────────┘    └──────────┘    └──────────┘  │
                                                   │
    ┌──────────┐    ┌──────────┐    ┌──────────┐  │
    │固定資産  │───▶│年度減価  │───▶│月次償却費│──┤
    │台帳確認  │    │償却額確認│    │  算定    │  │
    └──────────┘    └──────────┘    └──────────┘  │
                                                   │
    ┌──────────┐    ┌──────────┐    ┌──────────┐  │
    │月次計上  │───▶│証憑等    │───▶│月次計上額│──┘
    │必要分抽出│    │  確認    │    │  算定    │
    └──────────┘    └──────────┘    └──────────┘

    ┌──────────┐  ┌──────────┐
    │部門共通費│  │賞与月割  │
    │          │  │ 相当分   │
    └──────────┘  └──────────┘
```

月次業績管理 > **1.2 業績分析**

月次決算が終了したら，予算に対する進捗度合いや，前期比較などを行うために，各種の分析資料を作成します。
ここでは，月次決算における業績分析について学習します。

重要ポイント！
1．月次決算の段階で予算対比資料を作成し，差異分析や対応策の立案を行います。
2．前年対比資料の作成を行い，営業状態の変化の分析を実施します。
3．月次業績の報告を経営者に分かりやすく説明します。

1 予算対比資料の作成

① 予算対比資料の目的

年度予算を月次に展開し，月次決算の段階で，予算（予想）の数字が達成できているかを確認し，年度予算が達成できるかどうかの検討を行います。月次で予算（予想）の達成ができていない場合，その差異を分析し，翌月以降において対策を立てたり，年度予算の修正をしたりします。

② 予算対比資料の作成

月次で作成した財務諸表を基に，予算と月次実績を比較した表を作成します。増減額の他，達成率などを記載すると分析がしやすくなります。

会社全体の表を作成し，必要に応じて部門別や科目別の実績対比表を作成します。
　また，資金収支計画についても，予算と実績を比較し，予算よりも収支が悪化している場合などは，資金の手当てが必要かどうかの検討を行います。

2　前年対比資料の作成

① 　前年対比資料の目的
　当期の実績と前年同月との比較を行い，当期における財政状態の変化や経営成績を悪化させている原因などを分析するために作成されます。
② 　前年対比資料の作成
　前年のデータを参考に，当期と前年同月を比較した表を作成します。対前期比の比率が大きいものについて，予想していた変化なのか，などの内容の分析を行います。

3　月次業績の報告

　取締役会や経営会議などにおいて，月次業績の報告をします。経営者が経営判断を正確に行えるように，分かりやすく説明する必要があります。

月次業績管理―業績分析

予算実績・前年同期比較表

	実績	予算	増減額	増減率	前年同月	増減額	増減率
売上高	110,000	100,000	10,000	9.1%	90,000	20,000	22.2%
〜〜〜	〜〜〜	〜〜〜	〜〜〜	〜〜〜	〜〜〜	〜〜〜	〜〜〜
営業利益	23,000	20,000	3,000	13.0%	17,500	5,500	31.4%
〜〜〜	〜〜〜	〜〜〜	〜〜〜	〜〜〜	〜〜〜	〜〜〜	〜〜〜
経常利益	25,000	23,000	2,000	8.0%	20,000	5,000	25.0%

〔月次業績管理　予算対比資料作成フロー〕

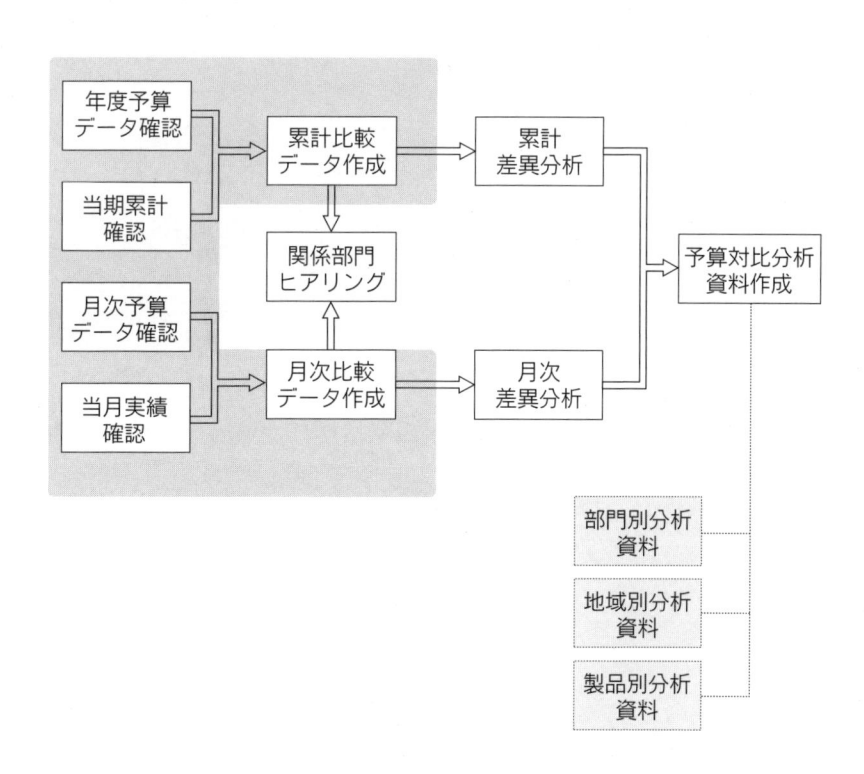

決算

```
年度予算          累計比較         累計
データ確認  →    データ作成  →   差異分析
                                           ↘
当期累計                                      予算対比分析
確認       →    関係部門                     資料作成
                ヒアリング                  ↗
月次予算          月次比較         月次
データ確認  →    データ作成  →   差異分析

当月実績
確認
```

↓
部門別分析資料

地域別分析資料

製品別分析資料

〔月次業績管理　前年対比資料作成フロー〕

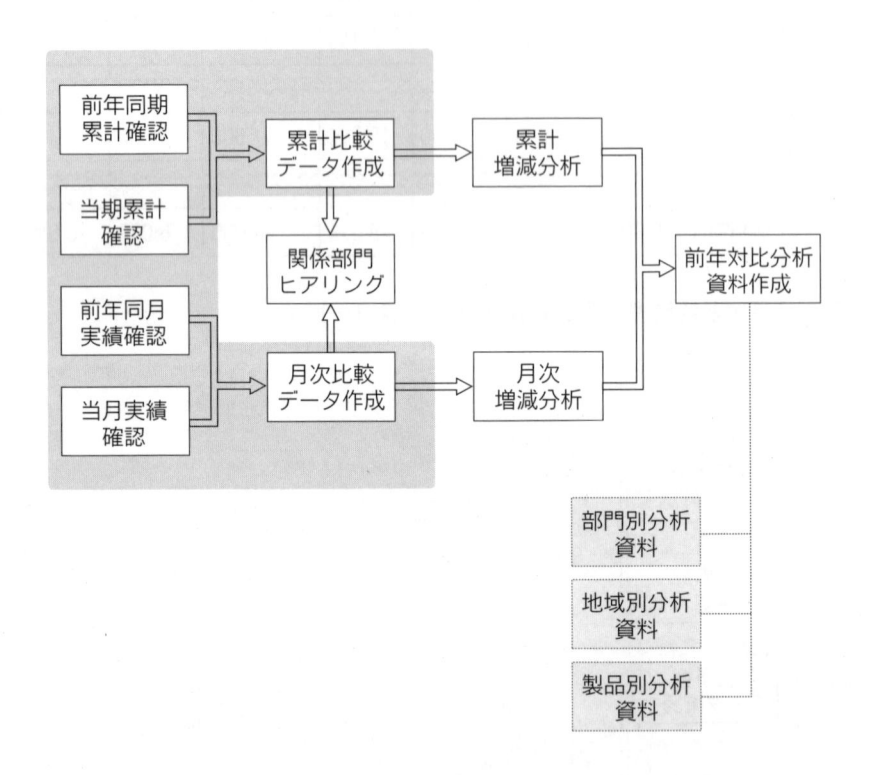

```
┌─────────────────────────────────────────────┐
│  ┌────────┐                                  │
│  │前年同期│                                  │
│  │累計確認│──┐   ┌────────┐    ┌────────┐
│  └────────┘  ├──▶│累計比較│───▶│ 累計   │
│  ┌────────┐  │   │データ作成│    │増減分析│
│  │当期累計│──┘   └────┬───┘    └────┬───┘
│  │ 確認   │           │               │
│  └────────┘      ┌────▼───┐           │     ┌────────┐
│                  │関係部門│           ├────▶│前年対比分析│
│                  │ヒアリング│           │     │資料作成│
│  ┌────────┐      └────┬───┘           │     └────┬───┘
│  │前年同月│           │               │          │
│  │実績確認│──┐   ┌────▼───┐    ┌────▼───┐      │
│  └────────┘  ├──▶│月次比較│───▶│ 月次   │      │
│  ┌────────┐  │   │データ作成│    │増減分析│      │
│  │当月実績│──┘   └────────┘    └────────┘      │
│  │ 確認   │                                     │
│  └────────┘                                     │
└─────────────────────────────────────────────┘   │
                                          ┌───────┘
                             ┌────────┐   │
                             │部門別分析│◀┄┤
                             │ 資料   │   │
                             └────────┘   │
                             ┌────────┐   │
                             │地域別分析│◀┄┤
                             │ 資料   │   │
                             └────────┘   │
                             ┌────────┐   │
                             │製品別分析│◀┄┘
                             │ 資料   │
                             └────────┘
```

70

単体決算業務 — 2.1 決算準備

　決算作業を滞りなく進めていくために，事前に担当者や決算方針などを決めておく必要があります。また，決算発表や株主総会を踏まえてスケジュールを決めておく必要があります。

　ここでは，決算準備について学習します。

> **重要ポイント！**
> 1．決算方針を策定します。
> 2．決算スケジュールの作成を行います。
> 3．担当者に事前の確認を行い，処理もれがないように注意します。

1　決算方針の策定

　決算作業に入る前に，会社の決算方針の確認を行います。具体的には，会計方針についての確認及び会計方針の変更をした場合における処理上の注意点の確認を行います。また，会計基準に変更があったり，新たな会計基準の適用の有無についての確認も行います。

　税務上の取扱いについても，税法に変更があった場合の取扱いなどを確認します。

2 決算スケジュールの作成

　前年の決算スケジュールなどを参考にして，当期の決算スケジュールを作成します。株主総会の開催予定日や決算発表日などにより，最終試算表の締切日などを決めていきます。

　また，関係各部署に対して，決算に使用するデータや伝票の締切日などを通知して，スケジュールに無理がないかの確認をしておきます。

3 担当者の確認

　月次作業での担当に加えて，決算作業での担当割を決めていきます。具体的には，引当金・税効果・経過勘定などの担当を決める必要があります。

　また，各科目の勘定明細表の担当割も同様に決めておきます。

　伝票の締切日などに，特定の人の加重が掛らないように，担当割に工夫が必要です。次のような表で作業日程の管理をしておくと作業が滞りなく進みます。

単体決算業務—決算準備

〔決算業務分担表〕

	社員A	社員B	社員C
4/ 1 木	現　金	預　金	有価証券
4/ 2 金			
4/ 3 土			
4/ 4 日			
4/ 5 月	売　上・売掛金	立替経費精算	仮払金立替金
4/ 6 火			
4/ 7 水		未払費用	賞与引当金退職給与引当金
4/ 8 木	買掛金		
4/ 9 金		貸倒引当金	
4/10 土			
4/11 日			
4/12 月	税金計算	科目明細	残高照合
4/13 火		税効果	試算表確認

決算

73

〔決算方針策定フロー〕

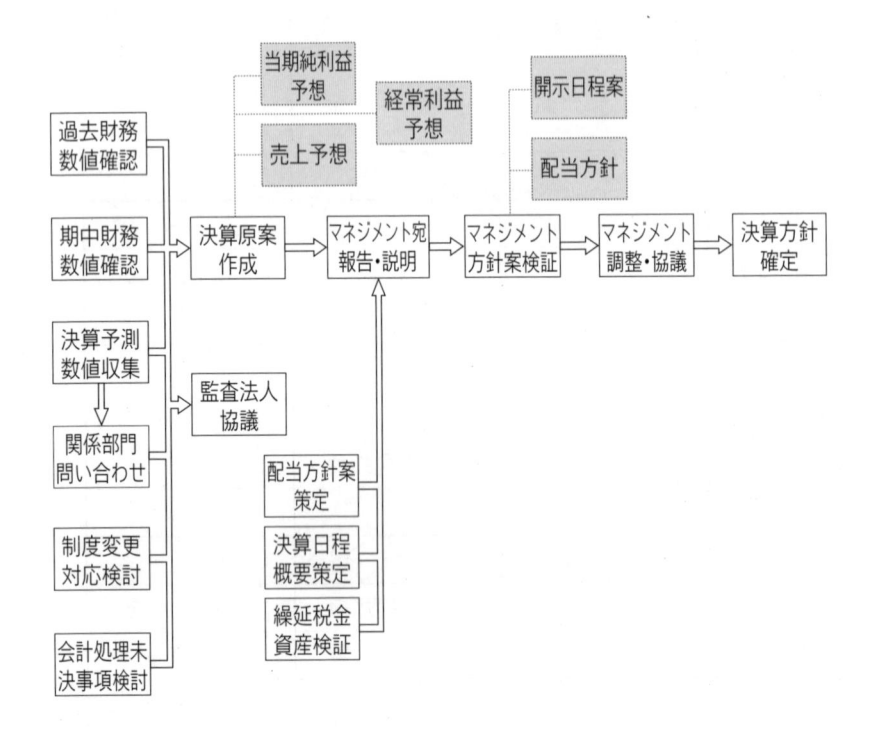

```
                        当期純利益              開示日程案
                          予想      経常利益
過去財務                            予想
数値確認                  売上予想              配当方針
                ↓          ↓         ↓         ↓          ↓
期中財務      決算原案 → マネジメント宛 → マネジメント → マネジメント → 決算方針
数値確認  →   作成         報告・説明    方針案検証    調整・協議     確定

決算予測                    ↑
数値収集                 監査法人
   ↓                     協議
関係部門                    ↑
問い合わせ              配当方針案
                         策定
制度変更                 決算日程
対応検討                 概要策定

会計処理未               繰延税金
決事項検討               資産検証
```

〔スケジュール策定フロー〕

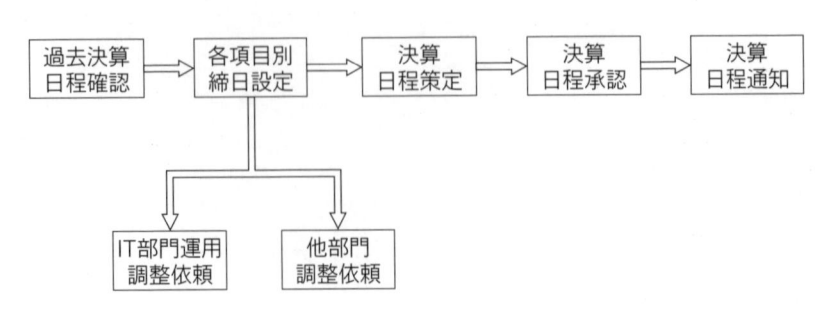

```
過去決算 → 各項目別 → 決算    → 決算    → 決算
日程確認   締日設定   日程策定   日程承認   日程通知
            ↓    ↓
       IT部門運用  他部門
       調整依頼   調整依頼
```

単体決算業務 | 2.2 決算手続

単体決算は，月次決算の作業に，引当金など決算特有の作業を追加して行われます。また，期中で仮勘定として整理していた項目などを，全て整理する必要があります。

ここでは，決算手続きの概要について学習します。

> **重要ポイント！**
> 1. 売上高・売上原価の確定を行います。
> 2. 仮勘定・経過勘定を整理します。
> 3. 各勘定科目の精査により，残高が正しいかの検討をします。
> 4. 引当金などを計上します。

1 売上高・売上原価の確定

① 売上高の確定

決算期において販売・役務の提供などが終了しているものについて，売上の計上をします。このとき，通常月の締日が月末ではなく例えば20日であるような場合，締日から月末（決算期末）までの計上について，当期の売上として認識するべきものがあるのかを確認し，売上として認識する場合にはもれがないように注意しなければなりません。

また，個別に原価管理などをしている場合には，期末棚卸の在庫数と当期に出庫（売上）した個数に整合性があるかの確認などを行います。

② 売上原価の確定

売上原価に関しては，自社の原価基準を確認し，当期における仕入高の確定，期末棚卸の調整を行うことにより確定させます。個別に原価の算定ができる場合には売上高との整合性を確認することも必要です。

売上原価は以下の算式で表すことができます。

　　　当期売上原価＝期首棚卸高＋当期仕入高－期末棚卸高

〔売上原価のイメージ〕

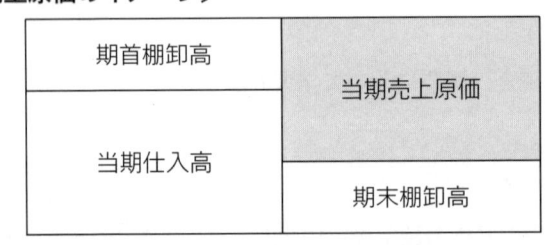

期首棚卸高	当期売上原価
当期仕入高	
	期末棚卸高

③ 共通費配賦

売上高に直接賦課することができる直接費に対し，直接賦課することができない費用を共通費といいます。

決算期において，この共通費を一定の基準で原価に配分をします。配賦基準は，会社ごとに実態に合わせて決められています。

2 仮勘定・経過勘定の整理

① 仮勘定の整理

仮払金・仮受金など，伝票起票時に内容や科目が不明であったものについて，適正な科目への振替処理を行います。

② 経過勘定の整理

当期に支払をしたもので，翌期の費用に該当するものや，当期に入金があったもので，翌期の収益に該当するものなど，期間のずれを調整するために使用される科目を経過勘定といいます。代表的なものとして，

前払費用や未払費用，未収収益や前受収益などがあります。

3 各勘定科目の精査

勘定科目を締めるにあたって，科目の内訳表などに基づき最終確認をします。経理規定などに基づき正しい科目に計上されているか，長期間滞留になっている残高がないか，などの確認を行います。

4 引当金の計上

決算の最終段階では，各種引当金の計上を行います。引当金は経費や損失の金額を予想してあらかじめ計上をしておくもので，代表的な引当金としては以下のものがあげられます。

① 貸倒引当金

貸倒引当金とは，債権の貸倒れに備えて，その予測される損失額について計上する引当金のことをいいます。

債権を大きく3つの区分（一般債権・貸倒懸念債権・破産更正債権）に区分して，それぞれの区分に応じた引当率（貸倒実績率）を債権の残高に乗じて引当金額を算出します。

（貸倒引当金計算の具体例）
貸倒実績率　0.0001　　債権の期末残高を100,000千円の場合,
貸倒引当金（一般債権）＝100,000千円×0.0001＝10千円
となります。

② 賞与引当金

賞与引当金とは，翌期に支払う賞与のうち，当期の労務提供に対応する金額を見積もり計上する引当金です。

賞与の基準となる支給対象期間などを基準に賞与の見積額を計算します。

③ 退職給付引当金

退職給付引当金とは，従業員の退職に備えるため，期末において発生していると認められる退職金の金額を計上するものです。

退職金の支給形態は，主に一時金による支給部分と企業年金による支給部分がありますので，会社の退職金制度によって，それに基づく計算方法を採用します。

〔**単体決算　決算手続フロー**〕

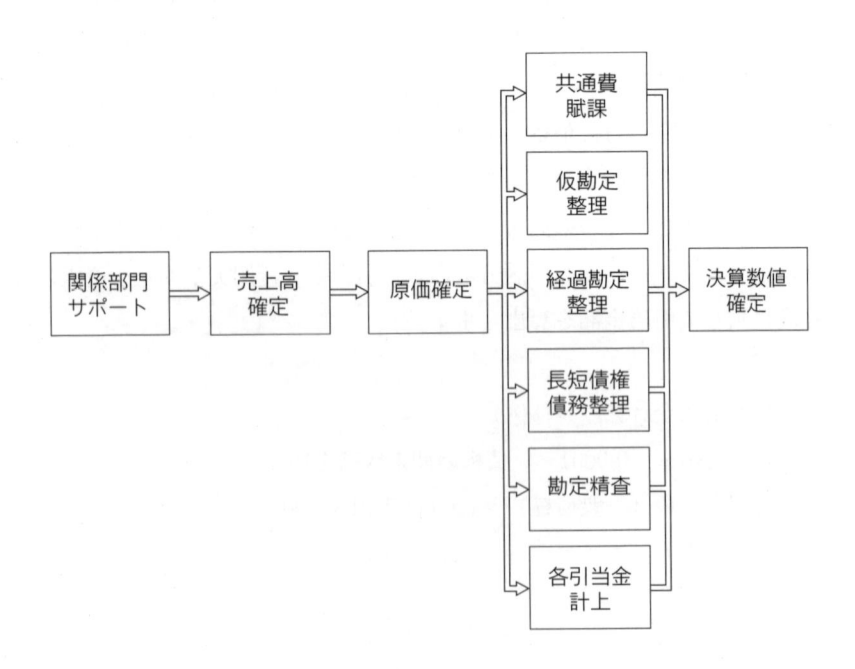

関係部門サポート → 売上高確定 → 原価確定 → 共通費賦課／仮勘定整理／経過勘定整理／長短債権債務整理／勘定精査／各引当金計上 → 決算数値確定

単体決算業務 > 2.3 役員報告

　単体決算が確定したら，まず，取締役への報告を行い，会社の決裁を得る必要があります。役員報告にあたり，決算の分析や前期比較などの資料を作成し，効率よく報告することが必要です。

　ここでは役員への報告について学習します。

> **重要ポイント！**
> 1. 決算書を基に，決算内容の分析をします。
> 2. 役員報告のための資料を作成します。

1 決算内容の分析

　役員報告にあたり，役員からの質問に備えるため，また効率よく報告をするために，決算内容について分析を行います。

　まず，当期の業績がどうであったかの確認をします。前期に比べて好調であったかどうか，年初に計画をした数値に対して実績はどうだったかなどの確認をします。

　また，前期に比して増減の大きい項目の分析などをします。自社の重点項目などがあれば，その部分についての分析も必要です。

2 役員報告のための資料作成

　役員報告のための資料は，決算報告書以外の資料は各社様々な様式で報

告されているようです。内容としては，月次報告資料などをベースに適宜資料を追加して報告をしています。

〔決算スケジュール・概略フロー〕

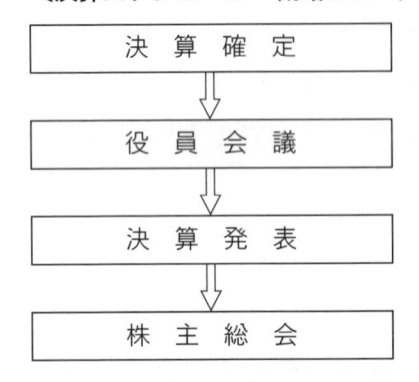

```
┌─────────────────┐
│  決 算 確 定    │
└─────────────────┘
         ↓
┌─────────────────┐
│  役 員 会 議    │
└─────────────────┘
         ↓
┌─────────────────┐
│  決 算 発 表    │
└─────────────────┘
         ↓
┌─────────────────┐
│  株 主 総 会    │
└─────────────────┘
```

〔単体決算業務　役員報告資料の作成フロー〕

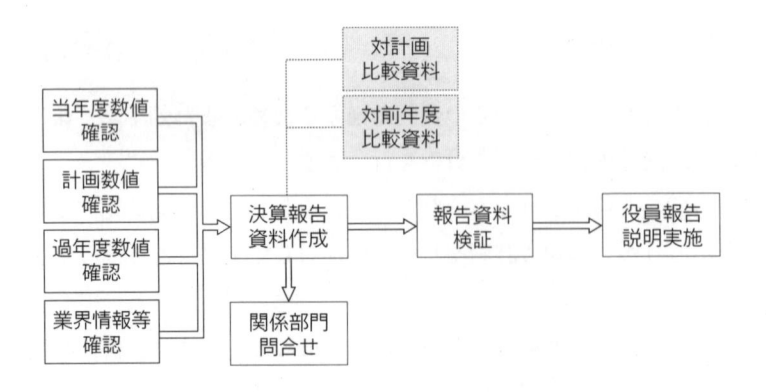

```
                          ┌──────────┐
                          │ 対計画   │
                          │ 比較資料 │
                          └──────────┘
                          ┌──────────┐
                          │ 対前年度 │
                          │ 比較資料 │
                          └──────────┘
┌──────────┐                    ↑
│ 当年度数値│                   ┊
│   確認   │─┐                 ┊
└──────────┘ │                 ┊
┌──────────┐ │   ┌──────────┐  ┌──────────┐  ┌──────────┐
│ 計画数値 │ ├──▶│決算報告  │─▶│報告資料  │─▶│役員報告  │
│   確認   │─┤   │資料作成  │  │ 検証     │  │説明実施  │
└──────────┘ │   └──────────┘  └──────────┘  └──────────┘
┌──────────┐ │         │
│過年度数値│ │         ▼
│   確認   │─┤   ┌──────────┐
└──────────┘ │   │関係部門  │
┌──────────┐ │   │ 問合せ   │
│業界情報等│ │   └──────────┘
│   確認   │─┘
└──────────┘
```

単体決算業務　2.4　監査対応

　会社法などの法律に基づき，その事業年度の決算が正しく行われているかどうかを確認するために，会社は監査役や会計監査人（公認会計士または監査法人）の監査（会計監査）を受ける必要があります。
　ここでは監査対応の概要について学習します。

> **重要ポイント！**
> 1．監査対応に事前準備を行います。
> 2．監査には会社法に基づく監査と金融商品取引法に基づく監査があります。

1 監査対応の準備

① 監査日程等の確認

　監査役による監査や会計監査人による監査を行う場合には，監査日程表を作成しますので，監査日程と監査の内容を確認し，提出資料の作成や関係部署の立会いが必要な場合には，日程等の調整を事前にしておきます。

② 監査人への提出資料の作成

　監査人への提出資料として，決算で作成した各科目の明細や増減明細などの資料を確認します。また，決算作成資料のほか，前年度の監査で使用した資料などを確認し，関係部署などへ依頼をして資料を整えます。

③　会計処理などについての論点整理

　重要な会計方針などの確認をして，会計方針に従って正しく処理が行われているかの確認をします。

　また，当期において会計処理の変更があった場合などは，会計方針変更の注記などが必要になりますので，そのような特殊事情がなかったかの再確認を行います。

　上記のような変更，その他の特殊事情があった場合には，監査を滞りなく進めるため，会計監査人へ事前にその旨の報告をしておくことが必要です。

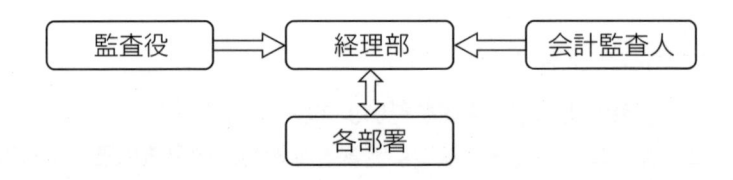

```
┌──────┐  ┌──────┐  ┌───────┐
│ 監査役 │⇒│ 経理部 │⇐│会計監査人│
└──────┘  └──────┘  └───────┘
              ⇕
           ┌──────┐
           │ 各部署 │
           └──────┘
```

2　監査の意義

①　会社法監査の意義

　監査役を設置している会社については，計算書類及び事業報告書並びにこれらの附属明細書について監査役の監査を受ける必要があります。

　会計監査人を設置している会社については，計算書類及びその附属明細書について，監査役及び会計監査人の監査を，事業報告及びその附属明細書について監査役の監査を受ける必要があります。

②　金融商品取引法監査の意義

　株式を上場している会社が，金融商品取引法に基づき公認会計士や監査法人の財務諸表監査を受けることをいいます。

単体決算業務―監査対応

〔単体決算業務　監査対応フロー〕

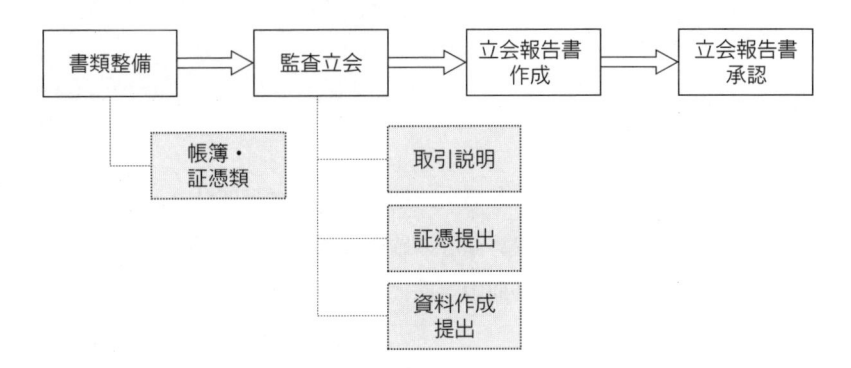

```
┌──────┐    ┌──────┐    ┌──────┐    ┌──────┐
│書類整備│ →  │監査立会│ →  │立会報告書│ → │立会報告書│
│      │    │      │    │  作成  │    │  承認  │
└──┬───┘    └──┬───┘    └──────┘    └──────┘
   │           │
   │        ┌──┴───┐
   │        │取引説明│
   │        └──────┘
   │        ┌──────┐
   │        │証憑提出│
   │        └──────┘
┌──┴───┐    ┌──────┐
│帳簿・ │    │資料作成│
│証憑類 │    │  提出 │
└──────┘    └──────┘
```

決算

連結決算業務　3.1　期中対応

　連結決算をスムーズに行うために，期中においては連結グループ内の関係会社間の取引や，各社の決算期等の確認作業を行います。
　ここでは連結決算における期中対応について学習します。

重要ポイント！
1．対象会社の会計処理・決算期などの確認をします。
2．グループ間の取引内容の確認をします。
3．注記事項該当情報の抽出などをしておきます。

1 会計処理・決算期の確認

① 新規連結会社の確認

　連結対象会社に該当するかどうかは，親会社の子会社に対する議決権比率，資金や人的な重要性により決定されます。期中においては，子会社の資金調達計画やグループ間における人事異動などを確認し，新しく連結子会社などに入る会社がないかを確認しておく必要があります。

② 会計処理の統一

　連結決算においては，同一環境下で行われた同一性質の取引などについては親会社及び子会社が採用する会計処理は原則として統一しなければなりません。
　特に，新しい取引などが出てきたとき，新規に連結子会社が出てきた

ときには、親会社と子会社の会計処理が統一されているかを確認しておく必要があります。

③ 決算期の統一

親会社と子会社の決算期が異なる場合、子会社が仮決算をするか、重要性がない場合で決算期のずれが3か月以内であれば、直前期の決算数値を使用するなどの対応を取る必要があります。

新たに連結子会社になった会社の決算期を確認し、決算前に方針を決めておく必要があります。

2 グループ間の取引内容を確認する

連結決算の作業過程の中で、連結会社間における取引については、連結グループ内における内部取引として、相殺・消去をすることになっています。

この、グループ間取引は決算手続きの中でも、各社の数字の整合性をとるのに時間がかかりますので、各社の集計の仕方などを確認しておく必要もあります。

内部取引の例としては、売上・仕入、固定資産の売却、棚卸資産の売却などがあります。

3 注記事項該当情報の抽出

新規連結や連結離脱の他、注記事項として記載をしなければならないものがないか、期中の段階で把握できる特殊事情を確認しておきます。

〔連結決算とは？〕

支配従属関係にある2以上の会社を単一の組織とみなして、親会社が子会社の財務諸表を結合することにより、企業集団全体の財政状況・経営成績などを報告するために行われるものです。

〔連結決算業務　期中対応(関係会社サポート)フロー〕

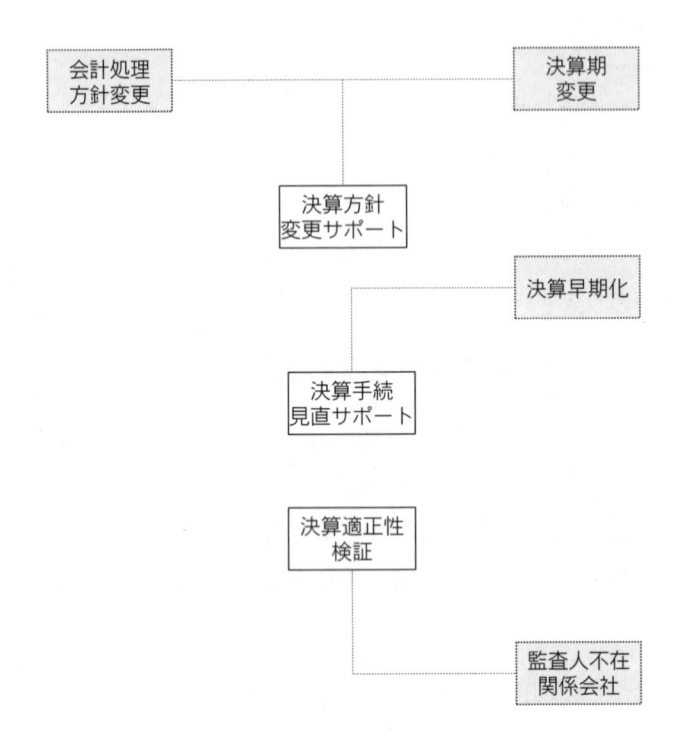

```
┌─────────┐                    ┌─────────┐
│ 会計処理 │                    │ 決算期  │
│ 方針変更 │┄┄┄┄┄┄┄┄┄┄┄┄┄┄┄┄┄┄│ 変更    │
└─────────┘          ┊         └─────────┘
                     ┊
              ┌─────────────┐
              │ 決算方針    │
              │ 変更サポート│
              └─────────────┘
                     ┊
                     ┊          ┌─────────┐
                     ┊┄┄┄┄┄┄┄┄┄│ 決算早期化│
                     ┊          └─────────┘
              ┌─────────────┐
              │ 決算手続    │
              │ 見直サポート│
              └─────────────┘

              ┌─────────────┐
              │ 決算適正性  │
              │ 検証        │
              └─────────────┘
                     ┊          ┌─────────────┐
                     ┊┄┄┄┄┄┄┄┄┄│ 監査人不在  │
                                │ 関係会社    │
                                └─────────────┘
```

連結決算業務 > **3.2 決算準備**

　決算直前においては，期中に情報収集した資料を基に，連結対象会社の決定や，決算方針の確認作業等を行います。また，決算発表のスケジュールを踏まえて，連結決算のスケジュール調整も行います。
　ここでは，連結決算における決算準備について学習します。

> **重要ポイント！**
> 1．連結対象会社の確認をし，連結グループの範囲を確認します。
> 2．連結決算方針の策定をします。
> 3．決算スケジュールの策定をして，関係会社へ連絡をします。
> 4．関係会社への事前説明を行い，作業上の疑問点などを解消します。

1 連結対象会社の確認

　連結決算事前準備の段階で収集した情報に基づき，連結会社に該当するかどうかの検討を行います。

〔連結子会社の範囲〕
① 親会社が議決権の過半数（50％超）を有している。
② 親会社が議決権の40％以上50％以下を所有していて一定の事実に該当する。
③ 親会社の所有する議決権と緊密な者及び同意している者が議決権の過半数を所有し，かつ一定の事実に該当する。

　ただし，財務上や営業上，事業上の関係からみて他の会社等の意思決定機関を支配していないことが明らかであると認められる会社（その場合は一定の要件をすべて満たす必要があります）はこの限りではありません。
　これとは別に，連結に含まない子会社は
・財務及び営業又は事業の方針を決定する機関（株主総会その他これに準ずる機関）に対する支配が一時的とあると認められる子会社
・連結の範囲に含めることにより連結財務諸表提出会社の利害関係人の判断を著しく誤らせるおそれがあると認められる子会社
が，あります。

〔関連会社の範囲〕
① 親会社が議決権の20％以上を実質的に所有している。
② 親会社が議決権の15％以上20％未満を実質的に所有しており，かつ一定の事実に該当する。
③ 親会社と緊密な者などが所有する議決権の合計が20％以上であり，かつ一定の事実に該当する。

上記のように，連結対象会社の判定は，複雑な作業となっているため，早期に作業をすることが望まれます。

2 連結決算方針の策定

連結会社における会計処理の方法について確認をします。重要な会計方針や，注記事項，会計方針の変更がある場合にはその影響額などを確認します。

3 決算スケジュールの策定

決算発表日などを基準に各社のデータ送信日などの締切日を設定します。財務諸表データの送信を優先して，順次注記事項などの締切日を設けるようにします。

また，連結決算の作業の分担も確定し，作業が滞りなく進むようにします。連結財務諸表の担当・セグメント情報の担当・連結キャッシュ・フロー計算書の担当など項目ごとに分担を決める方法などがあります。

4 関係会社への事前説明

上記で決定した，決算方針や決算スケジュールなどを各社へ連絡します。また，必要に応じて決算説明会などを開催し，各社の経理担当者との打ち合わせの機会を設けるようにします。

〔連結決算業務　事前準備フロー〕

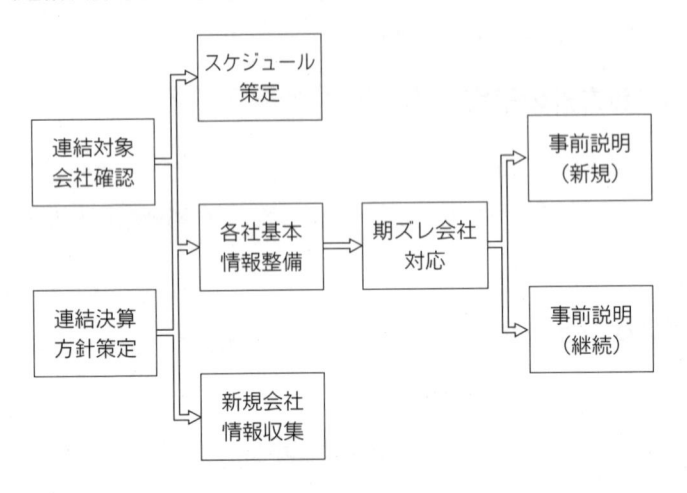

```
                    ┌─────────────┐
                ┌──→│ スケジュール │
                │   │   策定       │
┌──────────┐    │   └─────────────┘
│ 連結対象  │────┤
│ 会社確認  │    │                                    ┌─────────────┐
└──────────┘    │   ┌─────────────┐  ┌─────────────┐┌→│ 事前説明     │
                └──→│ 各社基本    │→ │ 期ズレ会社  ├┤ │ （新規）     │
                ┌──→│ 情報整備    │  │ 対応         ││ └─────────────┘
┌──────────┐    │   └─────────────┘  └─────────────┘│ ┌─────────────┐
│ 連結決算  │────┤                                    └→│ 事前説明     │
│ 方針策定  │    │                                      │ （継続）     │
└──────────┘    │   ┌─────────────┐                    └─────────────┘
                └──→│ 新規会社    │
                    │ 情報収集    │
                    └─────────────┘
```

連結決算業務 > **3.3　個社データ収集**

　連結決算の手続きは，個社の財務諸表を合算し，連結グループ内の取引などを一定の基準に従い調整をするため，連結グループ各社のデータを収集する作業が必要となります。
　ここでは個社データの収集について学習します。

> **重要ポイント！**
> 1. 連結パッケージ及び作成マニュアルの準備をします。
> 2. 連結パッケージを配信し，データの回収を行います。
> 3. データ組替及び各社データの検証をします。

1　連結パッケージ及び作成マニュアルの準備

① 連結パッケージの準備

　連結財務諸表作成の手続きは，下記に示すように，資本連結→内部取引消去→未実現利益の調整，という順序で作業していきますので，それぞれの連結手続きに必要なデータを正確に収集する必要があります。
　そこで，公開企業など連結財務諸表を作成する必要がある会社は，連結決算用のデータを収集するためのソフト（連結パッケージ）を導入しています。各社はこのパッケージに入力したファイルを親会社へ伝送し，親会社は，受信後に各社のデータをインポートすることにより，連結決算を迅速に進めることができるのです。

```
┌─────────────────────────────────────────────────────┐
│ 連結パッケージの主な項目                              │
│                                                     │
│  ┌────────┐    ┌──────────┐    ┌────────────┐      │
│  │ 資本連結 │    │ 内部取引消去 │    │ 未実現利益の調整 │      │
│  └────────┘    └──────────┘    └────────────┘      │
└─────────────────────────────────────────────────────┘
```

② 作成マニュアルの準備

　パッケージの準備ができましたら，各社がパッケージを入力する際の基準や注意点などを周知させるためのマニュアルを作成します。

　内容としては，各シートの具体的な入力の仕方や，また，明細などに整合性が取れていない場合「NG」が出るようにパッケージがプログラムされていたりしますので，その場合の対処の仕方などを記載します。

2　パッケージ配信・回収

　パッケージの準備ができましたら，各社へファイル及びマニュアルを送信し，必要に応じて説明会を開催します。

　通常，公開企業などでは，決算月の1～2か月前に，パッケージの配信をしているようです。

3　データ組替及び各社データ検証

① データ組替（異業種）

　データの回収が終了しましたら，連結会社の中で，親会社と業種の異なる会社の個別財務データの組替を行います。

　パッケージによっては，各社のデータ入力時に組替作業（連結用の科目へ表示を変更する作業）を同時に行うものもあります。

② 各社データ検証

　各社のデータをインポートすると，各データ間の不一致が生じますの

連結決算業務－個社データ収集

で，データ間の整合性を検証し，不一致の原因を確認します。

例えば，親会社のＡ子会社への売上高とＡ子会社の親会社からの仕入高に不一致が出ているような場合，データの集計にミスがあるのか，請求書などが未達のため認識が遅れたのか，などの原因を分析します。

〔連結決算業務　データ収集フロー〕

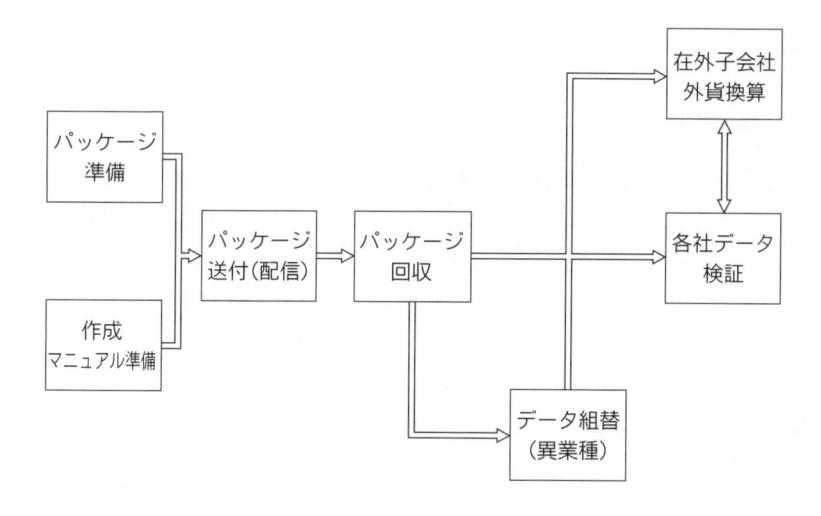

```
パッケージ準備 ─┐
               ├→ パッケージ送付（配信） → パッケージ回収 ─┬→ 在外子会社外貨換算 ↕ 各社データ検証
作成マニュアル準備 ─┘                                    └→ データ組替（異業種）
```

連結決算業務　3.4　決算手続

　連結財務諸表の作成は，各社の財務諸表を合計し，一定のルールに従い，調整をすることにより作成されます。この作成のルールは「連結財務諸表等規則」により定められています。ここでは連結決算手続きについて学習します。

> **重要ポイント！**
> 1．連結決算の流れを理解しましょう。
> 2．連結決算特有の処理として，資本連結，内部取引の消去，未実現損益の消去などがあります。
> 3．その他，連結財務諸表特有の附属資料があります。

1　連結決算の流れ

　連結決算の決算手続きの順序は，特に決められてはおりませんが，実務上，作成の手順はおおむね次のようになっています。

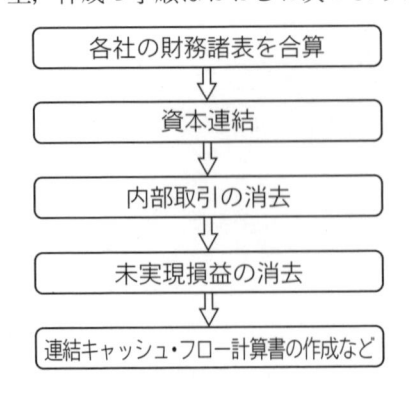

```
各社の財務諸表を合算
      ↓
    資本連結
      ↓
   内部取引の消去
      ↓
   未実現損益の消去
      ↓
連結キャッシュ・フロー計算書の作成など
```

2 連結決算特有の処理

① 資本連結

資本連結とは，親会社の投資勘定と子会社の資本を相殺する手続きをいいます。

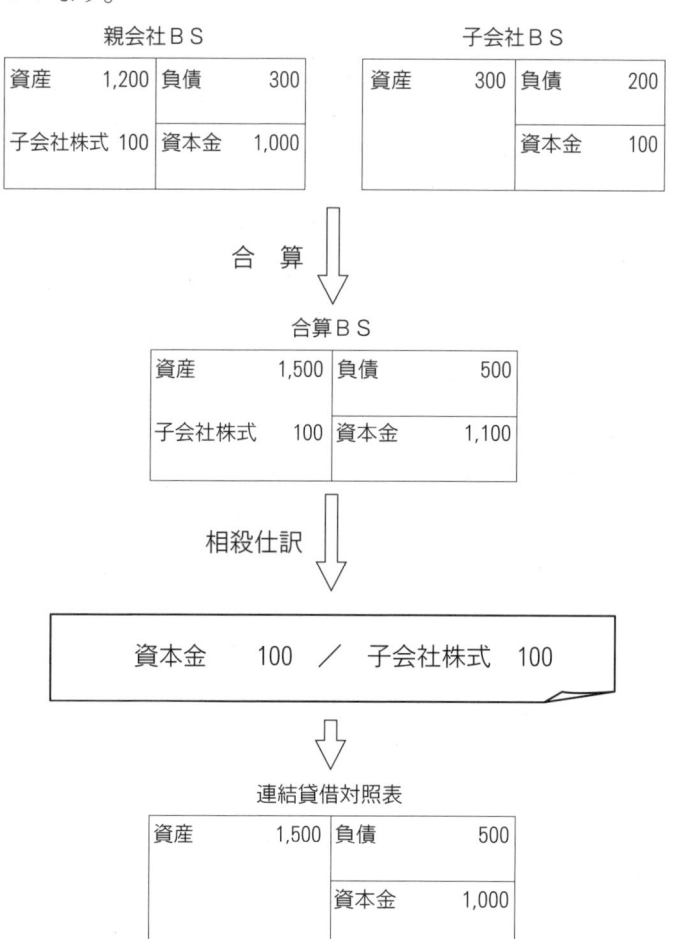

親会社BS	
資産　　1,200	負債　　　300
子会社株式 100	資本金　1,000

子会社BS	
資産　　　300	負債　　　200
	資本金　　100

合算 ⇩

合算BS	
資産　　1,500	負債　　　500
子会社株式 100	資本金　1,100

相殺仕訳 ⇩

資本金　　100　／　子会社株式　100

⇩

連結貸借対照表	
資産　　1,500	負債　　　500
	資本金　1,000

なお，上記の他，投資と資本に差額がある場合の連結調整勘定や親会社の資本持分が変動した場合の扱いなど，資本連結の手続きには複雑なものがあります。

② 内部取引の消去

連結財務諸表は，連結会社を1つのものとして表現するため，連結会社間における，債権と債務，売上と仕入などを相殺消去します。

データ集計が終了すれば，相殺するだけですので，比較的簡単な手続きですが，実務上は会社間双方のデータが同じ金額になるまでには，相当な時間がかかるため，連結決算手続きの中では時間のかかる項目となっているようです。

③ 未実現損益の消去

連結会社相互間で取引をしたものが，資産勘定などに含まれている場合には，その部分に係る損益が実現していないものとして，未実現となっている損益を調整します。

対象となる資産は，棚卸資産・固定資産・有価証券などがあります。また，親会社から子会社に売却する取引をダウンストリーム，子会社から親会社へ売却する取引をアップストリームと呼びます。

3 連結キャッシュ・フロー計算書

連結キャッシュ・フロー計算書は，連結貸借対照表及び連結損益計算書と並び基本財務諸表の1つとなっています。

作成方法には，大きく分けて2通りの方法があります。

① 原則法

各社の個別キャッシュ・フロー計算書を合算し，連結会社間の現金取引などを調整して作成する方法です。

② 簡便法

　連結貸借対照表及び連結損益計算書から，間接的に作成する方法です。

4　セグメント資料の作成

　セグメント情報は，連結財務諸表を補足する資料として，売上高・営業利益などを，事業の種類別・所在地別・海外売上高といった区分ごとに集計をした資料です。

　なお，平成22年4月1日より開始する事業年度よりセグメント情報に記載する内容に変更があり，経営者の意思決定や業績評価に使用されている情報に基づくセグメント情報の開示が求められています。

外部開示業務　4.1　決算短信

　企業の決算は，原則的に株主総会で確定します。決算短信とは，上場企業が証券取引所の様式などに従い，株主総会が行われる前に投資家向けに決算の発表を行うために作成される書類をいいます。

　ここでは，決算短信の作成について学習します。

> **重要ポイント！**
> 1．短信用の財務諸表を作成します。
> 2．注記事項などを作成します。
> 3．短信用定性資料の作成をします。
> 4．資料の最終化を行います。
> 5．四半期決算短信を作成します。

1　短信用財務諸表の作成

　決算整理後の最終試算表は，あくまで帳簿の1種類です。決算発表用の財務諸表に限りなく近い試算表もありますが，多くの会社では，この最終試算表から，決算発表用の財務諸表への組替作業を行います。

　この，財務諸表作成の基準につきましては，証券取引所が一定のガイドラインを設けていますが，特段の基準があるわけではありません。現在，多くの企業では，金融商品取引法(有価証券報告書)に準じた財務諸表を提出しているようです。

2 注記事項の作成

財務諸表の作成と共に，補足資料となる注記事項を作成します。この注記事項も，開示の範囲は，企業の判断である程度決めることができます。

3 短信用定性資料の作成

各種指標の作成，開示の対象となる重要な事項についての資料を作成します。企業にとってプラスの要因だけではなく，リスク情報といったマイナスの要因を記載する必要もあります。

4 資料の最終化

① 資料最終化

各担当者が作成をした資料をまとめて決算短信の仕上げに入ります。この時，財務諸表・注記事項・各資料の間などでリンクする箇所のチェックを行い，資料間の整合性がとれているかの確認を行います。

また，誤字脱字などのミスを防ぐため，最終版については数人で読み合わせを行い，最終確認をします。

② マネジメント付議

最終化された決算短信について，会社の決裁を取るため，取締役会等に付議をします。

③ 開　　示

証券取引所に決算短信を提出し，決算発表を行います。また，プレスからの質問などにも対応します。

5 四半期決算短信の作成

四半期ごとに各証券取引所の様式・記載要領をもとに四半期決算短信を

作成します。四半期決算短信は通期の決算短信と比較し簡素化されたものとなっており，連結財務諸表作成会社は連結ベースのもののみを，連結財務諸表非作成会社は個別ベースのものを作成します（但し，企業の判断で任意に連結財務諸表作成会社が個別財務諸表を添付することは可能となっています）。

〔**決算短信作成フロー**〕

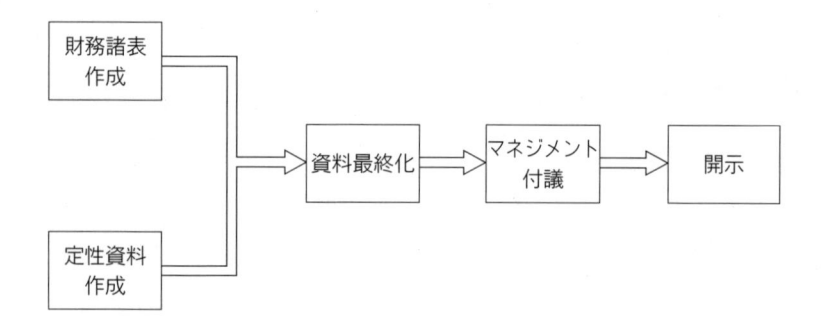

```
┌──────┐
│財務諸表│
│ 作成 │─┐
└──────┘ │   ┌──────┐   ┌──────┐   ┌────┐
         ├──→│資料最終化│──→│マネジメント│──→│開示│
┌──────┐ │   └──────┘   │ 付議 │   └────┘
│定性資料│ │              └──────┘
│ 作成 │─┘
└──────┘
```

外部開示業務 　4.2　プレス発表

　証券取引所での決算発表の際，各プレスからの質問などに答える必要があるため，決算発表を行うにあたり，事前に決算内容の分析や質問事項などの予想をしておく必要があります。
　ここでは，プレス発表の対応について学習します。

> **重要ポイント！**
> 1．プレス資料の準備をします。
> 2．決算発表資料の分析をして，質問などに備えます。

1　プレス資料の準備

　企業が決算発表をする際に，同時にプレス発表（記者会見）を行います。このプレス発表にあたり，会社は，証券取引所用の決算短信とは別に補足資料を用意して，ＩＲ活動に熱心であることをアピールします。
　このプレス発表用の資料には，ひな型などはなく，企業が自由に資料を作成することができます。
　プレス資料を作成した場合には，決算短信など他の提出資料と内容に整合性がとれているかの確認をします。
　なお，IR とは Investors Relations の略で，企業が株主や投資家に対し，投資判断に必要な情報を適時，公平，継続して提供して行く活動全般のことをいいます。

2 決算発表資料の分析

プレス発表用の資料ができたら,当期における特殊事情などを分析し,記者からの質問に答えられるように準備を整えます。

必要に応じて,関係部署へ予め質問しておき,各部署からの回答を集計し,想定問答集を作成する場合もあります。

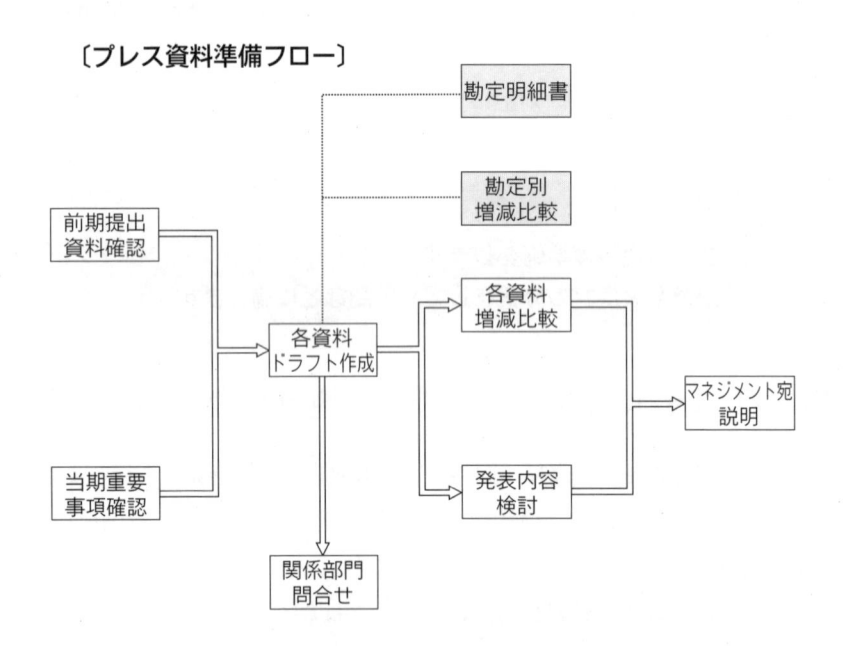

〔プレス資料準備フロー〕

```
                              勘定明細書
                              
                              勘定別
                              増減比較
                              
 前期提出                     各資料
 資料確認 ─┐                 増減比較 ─┐
           ├→ 各資料 ─┬──→             ├→ マネジメント宛
 当期重要   │  ドラフト │                │      説明
 事項確認 ─┘  作成     └──→ 発表内容 ─┘
                  │            検討
                  ↓
              関係部門
              問合せ
```

外部開示業務　4.3　会社法決算

すべての会社は会社法に基づき決算を行います。ここでは会社法決算の概要について学習します。

> **重要ポイント！**
> 1. 計算書類等の作成をします。
> 2. 株主総会で決算を確定させます。
> 3. 定時総会終了後，遅滞なく決算公告を行います。

1 計算書類等の作成

① 計算書類等の作成

株式会社は，一定の定めにより，各事業年度に係る計算書類（貸借対照表，損益計算書，株主資本等変動計算書，個別注記表など）および事業報告，並びに附属明細書を作成する必要があります。

これらの書類は，株主に対して当期の営業成績・財政状況を報告するために作成されるものです。

② 事業報告の作成

事業報告は，従来の営業報告書が名称変更され，かつ計算書類の範囲から含まれないことになっています。記載事項は公開会社（株式の譲渡制限を付していない会社のことを指し，いわゆる株式の上場会社とは限りません）と非公開会社によって大きく変わってきます。

＜両社ともに記載すべき事項＞
　1．株式会社の状況に関する重要な事項
　2．業務の適正性を確保するための体制（内部統制システムの整備についての決定または決議事項）
＜公開会社において記載すべき事項＞
　3．株式会社の現況に関する事項
　4．株式会社の会社役員に関する事項
　5．株式会社の株式に関する事項
　6．株式会社の新株予約権に関する事項

③　附属明細書の作成

　附属明細書は，計算書類を補足するものとして，会社が作成をし，株主からの請求があった場合には提示しなければならない書類です。計算書類では記載しきれない，例えば，固定資産や引当金の増減明細などの情報が記載されることになっています。

2　株主総会での決算確定

　上記により作成した計算書類を基に，株主総会では議長が株主に対し決算数値の説明をし，その承認を受けることで，決算が確定をします。
　株主総会での付議事項には，決算承認の他，定款の変更をする場合や取締役の選任をする場合などの重要な事項も決議事項とされています。
　なお，一定の要件に該当する場合には，計算書類について株主総会の承認を省略することができることとされています。

外部開示業務―会社法決算

```
┌─────────────────────────────────────┐
│ 計算書類等および事業報告・附属明細書の作成 │
└─────────────────────────────────────┘
              ↓
      ┌─────────────┐
      │ 取締役会の承認 │
      └─────────────┘
              ↓
      ┌─────────────┐
      │ 株主総会の承認 │ （決算確定）
      └─────────────┘
```

3 決算公告

　株式会社は，定時株主総会後，遅滞なく決算公告をする必要があります。公告とは，会社の一定事項について株主や債権者，利害関係者等へ広く知らせることをいい，決算公告を行う方法としては以下のものがあります。

　① 官報に掲載する。
　② 日刊新聞紙に掲載する。
　③ 電子公告をする。

　なお，有価証券報告書を提出しなければならない株式会社については，金融庁のＥＤＩＮＥＴにより有価証券報告書を公開しているため，決算公告義務を課さない取扱いとされています。

外部開示業務　4.4　有価証券報告書作成

株式を証券取引所に上場，公開などをしている会社は，金融庁に有価証券報告書（有報）の提出が義務付けられています。ここでは，有価証券報告書の概要について学習します。

重要ポイント！
1. 財務諸表，注記事項などを作成します。
2. 定性資料の作成をします。
3. 電子開示システムにより有価証券報告書を開示します。
4. 四半期ごとに四半期報告書を作成します。

1 有報用連結財務諸表，注記事項等の作成

① 有価証券報告書の主な構成

有価証券報告書は，第一部と第二部がありますが，第一部の企業情報がメインで構成されています。この，第一部は大きく以下の区分に分かれています。

　第1　企業の概況
　第2　事業の状況
　第3　設備の状況
　第4　提出会社の状況
　第5　経理の状況

第6　提出会社の株式事務の概要
第7　提出会社の参考情報

　上記のうち，監査人の監査証明を受けるのは，第5の経理の状況の部分となります。

　企業の経理担当者は，この経理の状況の部分を作成すると共に，その他の部分の作成を関係部署に依頼をします。

② 有報用連結財務諸表の作成

　経理の状況は，連結財務諸表に関する部分と（単体）財務諸表に関する部分とに分かれています。

　連結財務諸表については，連結決算の手続きにより作成をした連結財務諸表を基に，開示用の組替作業をし，作成をします。科目組替は基本的に毎期継続的に同じ基準で作成する必要がありますので，前年の組替表を参考に作成します。

　単体の財務諸表についても同様に作成をします。

③ 注記事項などの作成

　財務諸表の補足事項となる注記事項を作成します。各種ひな型などを参考に注記にもれがないように，注意する必要があります。

2　定性資料の作成

　各種財務数値など，定性資料の作成を行います。前期提出資料の確認などを行い，各数値の分析を行います。

3　電子開示手続き

　金融商品取引法に基づく有価証券報告書等の開示書類に関する電子開示システムのことを通称EDINET（エディネット）といいます。

　現在，有価証券報告書の提出はオンラインにより，提出をし，このEDI

NET上で，各社の有価証券報告書を閲覧できる仕組みになっています。

4 四半期報告書の作成

従前，有価証券報告書は半期に1度の作成が必要でしたが，現在は四半期ごとに第1四半期から第3四半期までは四半期報告書を，第4四半期（期末）に有価証券報告書を作成する必要があります。四半期決算短信同様，四半期報告書も連結財務諸表作成会社は連結ベースのもののみを，連結財務諸表非作成会社は個別ベースのものを作成します。

〔連結財務諸表作成フロー〕

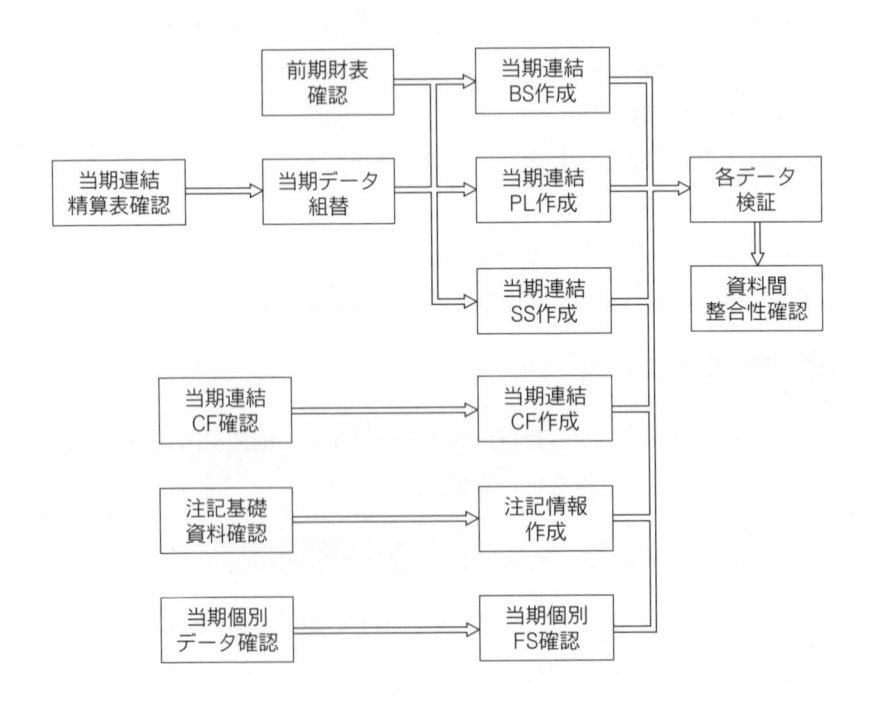

```
当期連結         前期財表      →  当期連結BS作成  ┐
精算表確認  →   確認                              │
       ↓                       当期連結PL作成  →  各データ  →  資料間
     当期データ                                    検証       整合性確認
     組替       →              当期連結SS作成  ┘

当期連結CF確認  →  当期連結CF作成
注記基礎資料確認  →  注記情報作成
当期個別データ確認  →  当期個別FS確認
```

外部開示業務—有価証券報告書作成

〔定性資料作成フロー〕

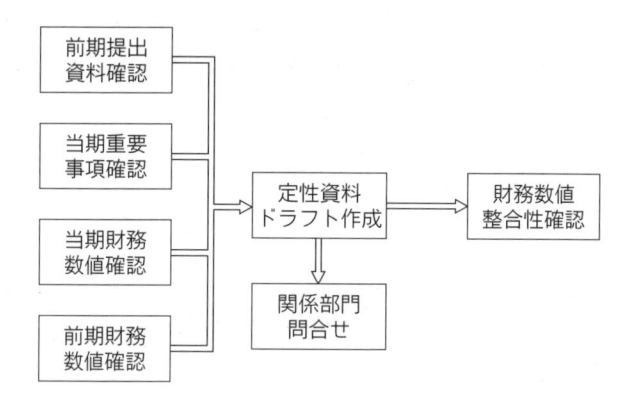

```
前期提出資料確認 ┐
当期重要事項確認 ┤
当期財務数値確認 ┼→ 定性資料ドラフト作成 →  財務数値整合性確認
前期財務数値確認 ┘         ↓
                      関係部門問合せ
```

決算

外部開示業務　4.5 アニュアルレポート

　アニュアルレポートは，事業年度末で海外の株主や投資家に対して情報を提供するために作られる年次報告書です。作成方法は会社の裁量で決められる部分が多いものとなっています。
　ここでは，アニュアルレポートの概略を中心に学習します。

> **重要ポイント！**
> 1．アニュアルレポートは，会社の裁量で作成され，財務ハイライトや経営者メッセージなどが記載されています。
> 2．必要に応じて，アニュアルレポート用の財務諸表を作成します。
> 3．米国基準とは米国において採用されている会計基準のことで，ＩＦＲＳとは国際財務報告基準のことです。

1 記載内容

　アニュアルレポートの記載については，法律等の要請により制限されるものではありません。会社の裁量ですから，投資家に分かりやすいように，表やグラフ，写真などを使い，各社が分かりやすい報告書を作成しています。
　外国人投資家が多い場合には，和文のアニュアルレポートの他に英文のアニュアルレポートを作成します。

外部開示業務―アニュアルレポート

＜アニュアルレポートの記載内容例＞
- 財務ハイライト
- 経営者メッセージ
- 事業概況
- 事業等のリスク
- コーポレート・ガバナンス
- 企業理念
- 主要財務データ
- 会社情報
- 株式情報　など

2 財務諸表の作成

　アニュアルレポートには，財務諸表をそのまま記載することよりも財務ハイライト等に要約して記載することが多いため，アニュアルレポート用に財務諸表を作成する必要があります。

　また，米国基準で財務諸表を作成する必要がある会社は財務報告部分は「20－F」に記載するものをそのまま使用しています。

　今後，ＩＦＲＳ（国際財務報告基準）の適用後（ＩＦＲＳの適用時期は2015年あるいは2016年の予定）は，ＩＦＲＳに基づく財務諸表を添付することになります。

3 用語の意義

① 20-F

米国で公募証券を発行する会社は米国証券取引委員会（SEC）に登録をします。このSECへ提出を求められる報告書のうち，外国企業の年次報告について使用される様式をいいます。

② 米国基準

米国において採用される会計基準で，財務会計報告書，会計原則審議会意見書，発生問題専門委員会合意書，などから構成されます。前述のSECへ提出する書類は，米国基準により作成されます。

米国基準の財務諸表は，日本の会計基準との相違点を調整（GAAP調整：ギャップ調整）して作成されます。

```
日本基準財務諸表 ── GAAP調整 ⇒ 米国基準財務諸表
```

③ IFRS

IFRS（International Financial Reporting Standards）とは，国際財務報告基準のことで，国際会計基準審議会（IASB）により設定される会計基準の総称であり，世界的に承認され遵守されることを目的としたものです。IFRSは，国際会計基準・解釈指針委員会解釈指針書等，国際財務報告基準書，国際財務報告基準解釈指針委員会解釈指針から構成されます。

日本の会計基準と比較した場合，収益の計上基準や減価償却についての考え方，のれんについての扱いなどが異なっています。

外部開示業務―アニュアルレポート

〔アニュアルレポート作業フロー〕

| 作成方針策定 | → | 財務数値作成 | → | 定性資料作成 | → | 資料最終化 | → | AR監査対応 |

決算

3 税　　務

1 税効果計算業務
2 消費税申告業務
3 法人税申告業務
4 連結納税申告業務
5 税務調査対応

税効果計算業務　1.1　繰延税金資産・負債確定

　会計上の収益・費用と税務上の益金・損金の認識時期の違いにより，企業会計上の利益と税務上の所得には差異が生じます。税効果会計とは，その差異を調整するための会計手続きをいいます。
　ここでは，税効果会計の概要について学習します。

> **重要ポイント！**
> 1．一時差異には，将来加算一時差異と将来減算一時差異があります。
> 2．将来減算一時差異に対しては「繰延税金資産」勘定を，将来加算一時差異に対しては「繰延税金負債」勘定を用います。
> 3．繰延税金資産を計上する際は，回収可能性を検討します。

1　一時差異

　一時差異とは，会計上の資産・負債の金額と税務上の資産・負債の金額との差異をいい，税効果会計の対象となります。
　一時差異のうち，差異が解消する期の課税所得を減額する効果を持つものを将来減算一時差異といい，課税所得を増額する効果を持つものを将来加算一時差異といい，具体的には以下の項目が該当します。

税効果計算業務―繰延税金資産・負債確定

区　分	内　容
将来減算一時差異	減価償却超過額，未払事業税，繰越欠損金等
将来加算一時差異	積立金方式による特別償却・圧縮記帳等

なお，交際費の限度超過額，過怠税・延滞税等の税効果会計の対象とならない項目を永久差異といいます。

2 税効果会計の仕組み

税効果会計では，一時差異の金額に法定実効税率を乗じて当期に調整すべき税額（「法人税等調整額」として損益計算書に計上）を算出します。

将来減算一時差異については，「税金の前払い」という効果を持つことから「繰延税金資産」という資産勘定を用いて処理します。

一方，将来加算一時差異については，「税金の後払い」という効果を持つことから「繰延税金負債」という負債勘定を用いて処理します。

以上の手続きにより，法人税等の額を適切に期間配分し，法人税等控除前の当期利益と法人税等を合理的に対応させることが可能となります。

なお，法定実効税率は，以下の算式で求めます。

法定実効税率＝〔法人税率×（1＋住民税率）＋事業税率〕／（1＋事業税率）

3 繰延税金資産の回収可能性

繰延税金資産は，「税金の前払い」という効果を持っていますが，その計上に際しては，前払いした税金を回収できると認められる範囲内に限られ，その回収可能性については，以下の要件に基づいて慎重に検討する必要があります。

① 課税所得が発生する可能性は高いと見込まれるか。
② 具体的な課税所得を発生させるタックスプランニングが存在するか。

③ 将来加算一時差異が解消されると見込まれるか。

〔法人税申告書　別表五（一）記載例〕

区分	Ⅰ　利益積立金額の計算に関する明細書			差引翌期首現在利益積立金額
	期首現在利益積立金額	当期中の増減		
		減	増	
利 益 準 備 金				
別 途 積 立 金				
減価償却超過額	3,000,000	500,000	1,500,000	4,000,000
賞 与 引 当 金	1,000,000	1,000,000	2,000,000	2,000,000
繰延税金資産	△1,600,000	△600,000	△1,400,000	△2,400,000

〔税効果ワークシート　例〕　　　　　　　　　　（単位：円）

項目	期首	解消	発生	期末
減価償却超過額	3,000,000	500,000	1,500,000	4,000,000
賞与引当金	1,000,000	1,000,000	2,000,000	2,000,000
小計	4,000,000	1,500,000	3,500,000	6,000,000
実効税率	40.0%	40.0%	40.0%	40.0%
繰延税金資産	1,600,000	600,000	1,400,000	2,400,000

| 消費税申告業務 | 2.1 日常管理 |

　国内で取引を行う企業は，基準期間である前々事業年度の課税売上高が1,000万円を超える場合，消費税の納税義務が生じます。消費税を計算する上では，日常の取引のつど消費税額を把握する必要があります。ここでは，消費税の対象となる取引と消費税が課されない取引を学習します。

> 重要ポイント！
> 1．課税対象取引の4要件を理解しましょう。
> 2．非課税取引について内容を確認します。
> 3．免税取引をマスターしましょう。

1 課税対象取引

　以下のすべての要件を満たす取引が課税対象取引となり，1つでも要件を満たさない取引は，課税対象外取引となります。
① 国内において行うものであること。
② 事業者が事業として行うものであること。
③ 対価を得て行うものであること。
④ 資産の譲渡，役務の提供，資産の貸付けであること。

2 非課税取引

　上記 1 「課税対象取引」の4要件を満たす取引は，原則的に消費税が

課税されますが，以下の取引については，消費という性格になじまないもの，もしくは政策的な配慮をすべきものとして非課税とされています。

① 土地の譲渡及び貸付け
② 有価証券等（社債，株式等）の譲渡
③ 利子，保証料，保険料等
④ 郵便切手，印紙，商品券，プリペイドカード等の譲渡
⑤ 住民票，戸籍抄本等の行政手数料，国際郵便為替等
⑥ 社会保険診療等
⑦ 介護保険サービス，社会福祉事業等
⑧ お産費用等
⑨ 埋葬料，火葬料
⑩ 車椅子等の身体障害者物品の譲渡，貸付け等
⑪ 一定の学校の授業料，入学試験料等
⑫ 教科用図書の譲渡
⑬ 住宅の貸付け

3 免税取引

輸出取引等については，消費税が免除されていますが，ここでいう輸出取引等とは，通常の輸出取引よりも範囲が広く，物品の輸出の他に国際電話，国際郵便等も該当します。

消費税申告業務―日常管理

〔取引の全体像〕

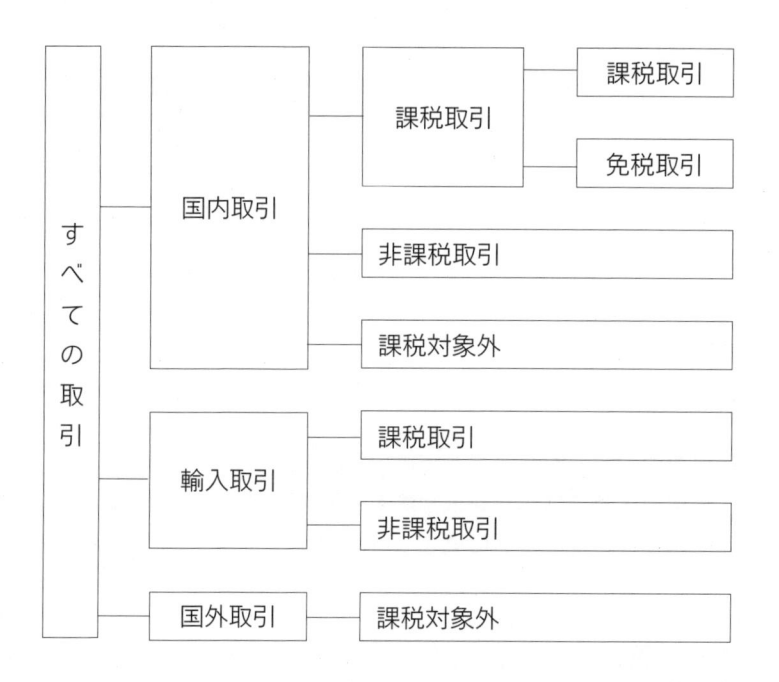

```
                                        ┌─ 課税取引
                         ┌─ 課税取引 ──┤
                         │              └─ 免税取引
            ┌─ 国内取引 ──┼─ 非課税取引
            │            │
            │            └─ 課税対象外
            │
すべての取引 ┼─ 輸入取引 ──┬─ 課税取引
            │            │
            │            └─ 非課税取引
            │
            └─ 国外取引 ──── 課税対象外
```

消費税申告業務　**2.2　消費税申告・納付**

　消費税の計算方法には，実額計算と簡易課税制度による計算の2通りの計算方法があります。ここでは，具体的な計算方法を学習するとともに申告手続きについても学習します。

重要ポイント！
1. 消費税の原則的な計算方法は実額計算です。
2. 一定の企業では簡易課税制度を選択することが可能です。
3. 申告及び納税の時期に気をつけましょう。

1　実額計算

　企業は，以下の算式のように，その課税期間中に預かった消費税額から，その課税期間中に支払った消費税額の合計額を控除した金額を納税します。

消費税額＝課税売上に係る消費税額（4％）―課税仕入れ等に係る消費税額（4％）

地方消費税額＝消費税額×25％

　ただし，以下の算式で計算した課税売上割合が95％未満の場合には，支払った消費税額のうち，個別対応方式もしくは一括比例配分方式で計算した金額のみしか控除できません。

課税売上割合＝課税期間の税抜課税売上高／課税期間の税抜総売上高

　個別対応方式とは，その課税期間の課税仕入れ等に係る消費税額を，

① 課税売上のみに対応するもの
② 非課税売上のみに対応するもの
③ 課税売上と非課税売上に共通して対応するもの

に区分した上で，次の算式により仕入控除税額を計算する方法です。

仕入控除税額＝①の消費税額＋（③の消費税額×課税売上割合）

一括比例配分方式とは次の算式により仕入控除税額を計算する方法です。

仕入控除税額＝課税仕入れ等に係る消費税額×課税売上割合

2 簡易課税

基準期間における課税売上高が5,000万円以下の企業は，事前の届出により簡易課税制度を選択することができます。

簡易課税制度とは，実際に支払った課税仕入れ等に係る消費税額に代えて，預かった消費税額に，業種に応じたみなし仕入率を乗じた金額を仕入控除税額とする方法をいいます。

事業区分	みなし仕入率	該当事業
第1種	90%	卸売業
第2種	80%	小売業
第3種	70%	建設業，製造業等
第4種	60%	飲食店業，金融・保険業等第1，2，3，5種に該当しない事業
第5種	50%	不動産業，運輸通信業，サービス業

3 申告・納付手続き

消費税は，課税期間の末日の翌日から2か月以内に申告書の提出及び納付を行わなければなりません。また，消費税は提出期限及び納付期限の延

長は認められていません。

　なお，直前の課税期間の消費税額の年間納付税額が48万円を超える企業は，中間申告義務があります。

〔計算方式の選択〕

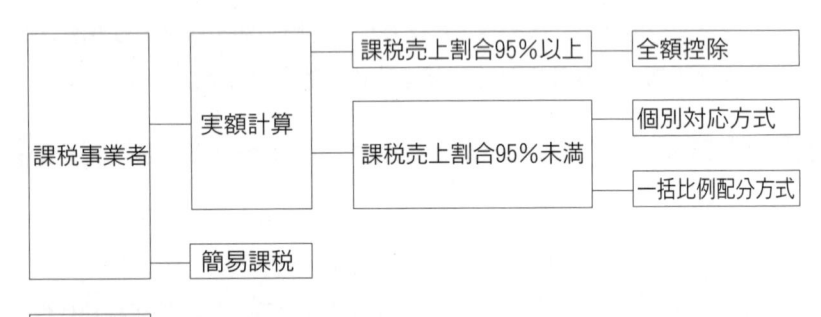

```
                              ┌─課税売上割合95％以上──全額控除
              ┌─実額計算─────┤
              │               │                      ┌─個別対応方式
課税事業者────┤               └─課税売上割合95％未満─┤
              │                                      └─一括比例配分方式
              └─簡易課税

免税事業者
```

法人税申告業務　3.1　日常税務対応

　法人税の確定申告は，企業の確定した決算に基づいて行われるため，日常の会計処理を適正に行うのはもちろんのこと，会計上の処理が税務上も認められるかを常に意識することが重要です。ここでは，税務上，調整が必要となる代表的な項目を学習します。

> **重要ポイント！**
> 1．寄付金や交際費に注意しましょう。
> 2．役員との取引には注意しましょう。
> 3．減価償却や引当金には限度額があります。

1　寄付金と交際費

　寄付金や交際費は，会計上は費用になりますが，税務上では一定額までしか損金に算入されず，税務調整の対象になる取引です。

① 寄 付 金

　法人税法上の寄付金には，見返りを期待しない贈与や無償の供与だけでなく，資産を低額で譲渡した場合や債務免除をした場合も対象となりますので，注意が必要です。

② 交 際 費

　法人税法上の交際費とは，事業関係者に対する接待，供応，慰安，贈答等のために支出する費用をいいますので，交際費以外の勘定科目で処

理されていても税務上は交際費に該当するものがあります。

　例えば，福利厚生費や会議費でも通常の飲食に要する費用を大きく超えている場合，販売促進費の名目で取引先を接待している場合，接待後のタクシー代を旅費交通費で処理しているような場合には，交際費となります。

2　役員給与

　役員に対する給与は，事前に届出等がされているものを除き，原則的に定期同額の給与のみが損金に算入されます。

　法人税法上の給与には，金銭で本人に支払われるものの他に，無利息での貸付け，低額譲渡や個人が負担すべきものの肩代わり等も含まれますので，注意が必要です。

3　減価償却と引当金

　減価償却や引当金については，その性格上恣意性の介入が避けがたいので，税務上は一定額までしか損金に算入されません。

　① 減価償却

　法人税では，減価償却について定められた償却方法及び耐用年数に基づいた償却限度額があります。会計上の減価償却費（本来，資産計上すべきものを費用処理した金額を含みます）が限度額を超過する場合は，税務調整の対象となりますので，注意が必要です。

　② 引当金

　法人税では，貸倒引当金等を除き，原則的には引当金等の見積り計上に基づく費用は損金に算入されません。

　したがって，賞与や退職金の見積額を未払金等の科目で処理しても損金には算入されませんので，注意が必要です。

法人税申告業務 　3.2　法人税中間申告・納付

　事業年度が 6 か月を超える企業は，事業年度開始の日以後 6 か月を経過した日から 2 か月以内に中間申告書を提出しなければなりません。ここでは，前年度実績による予定申告と仮決算による中間申告について学習します。

重要ポイント！
1. 前年度実績による予定申告が一般的な方法です。
2. 仮決算による中間申告を選択することも可能です。
3. 中間申告書を提出しなくとも罰則はありませんが，納税は必要となります。

1　前年度実績による予定申告

　事業年度が 6 か月を超える企業は，事業年度開始の日以後 6 か月を経過した日から 2 か月以内に，以下の算式で計算した法人税額を申告納税しなければなりません。

$$前事業年度の法人税額 \times \frac{6}{前事業年度の月数}$$

　実務上は税務署から送付されてくる「予定申告書」と前期の確定申告書の金額照合を行い，申告納税するだけで手続きが完了します。
　したがって，実務上は簡便性の観点から前年度実績による予定申告を採用する企業が一般的であると言えます。

なお，上記により計算した金額が10万円以下の場合には，中間申告書の提出は不要です。

2　仮決算による中間申告

仮決算による中間申告とは，事業年度開始の日から6か月間を1事業年度とみなして，その期間の所得金額又は欠損金額に基づいて法人税額を計算し，申告納税する方式をいいます。

前期と比較して業績が低迷しているような場合，季節要因により下期に所得が上がる傾向にある企業の場合には，仮決算による中間申告を行うことによって，前年度実績による予定申告よりも納税額を減少させることができるため，資金繰りを考えた場合には大きなメリットがあります。

ただし，仮決算による中間申告の場合，確定申告と同様の別表の作成が必要となるため，作成に要するコストが上記のメリットに見合うかどうかを検討することが重要です。

なお，前年度実績による予定申告とは異なり，仮決算による中間申告により計算した金額が10万円以下の場合でも，申告納税が必要となります。

3　中間申告書を提出しない場合

提出期限までに中間申告書の提出がない場合には，その提出期限において前期実績による予定申告が提出されたとみなされ，罰則規定もありませんが，期限後の提出は一切認められないことになります。

したがって，実務上は中間申告書の提出を行わない場合もありますが，納税については免除されるわけではありませんので，納税をし忘れることがないように注意しましょう。

法人税申告業務　3.3　法人税確定申告・納付

　企業は，各事業年度終了の日の翌日から2か月以内に，確定した決算に基づいて所得金額，法人税額等を計算し，申告納税をしなければなりません。ここでは，申告書の作成に際して最低限知っておくべき事項を学習します。

重要ポイント！
1. 法人税の確定申告書の提出期限をマスターしましょう。
2. 税務調整には，会計上の処理が必要となる決算調整事項と申告書上の処理が必要となる申告調整事項があります。
3. 申告書の中で重要なのは別表四と別表五（一）です。

1　確定申告書の提出期限

　企業は，原則として各事業年度終了の日の翌日から2か月以内に，確定した決算に基づいて確定申告書を提出しなければなりませんが，以下の場合には，提出期限を延長することができます。

① 会計監査人の監査を受けなければならない場合
　→ 原則的に1か月延長
② 災害その他やむを得ない理由がある場合
　→ 税務署長が指定した月数の延長

　なお，納期限も同時に延長されますが，事業年度終了の日の翌日以後

2か月を経過した日から延長された期間までの利子税を支払う必要があるため，実務上は事業年度終了の日の翌日から2か月以内に見込み額を納付することが一般的です。

2 税務調整

税務調整とは，会計上の利益と税務上の課税所得の差異を調整する手続きのことをいいますが，税務調整には，会計上での処理が要求される決算調整事項と，申告書での調整が必要となる申告調整事項があります。

① 決算調整事項

決算調整事項とは，確定した決算において経理された場合に限り税務上も認められる事項で，減価償却費や貸倒引当金の繰入が代表例です。

② 申告調整事項

申告調整は，申告書への記載を条件に適用が認められる「任意的申告調整事項」と申告書において必ず調整しなければならない「必要的申告調整事項」とに区分されます。

任意的申告調整事項の代表例は，受取配当等の益金不算入や所得税額控除であり，必要的申告調整事項の代表例は，還付金等の益金不算入や法人税等の損金不算入です。

3 別表四と別表五（一）

法人税の申告書の中で最も重要性が高いといえる別表は，別表四と別表五（一）です。

別表四は，会計上の利益から所得金額を計算する過程を表す税務上の損益計算書の役割を果たし，別表五（一）は，別表四の留保欄に記載された残高（利益積立金）等を表す税務上の貸借対照表の役割を果たしています。

法人税申告業務―法人税確定申告・納付

〔法人税申告書　別表四〕

所得の金額の計算に関する明細書(簡易様式)

別表四(簡易様式)　平二十二・四・一以後終了事業年度分

事業年度　　・　・　／　・　・
法人名

区　分		総額①	処分	
			留保②	社外流出③
当期利益又は当期欠損の額	1	円	円	配当　円
				その他
加算	損金の額に算入した法人税(附帯税を除く。)	2			
	損金の額に算入した道府県民税(利子割を除く。)及び市町村民税	3			
	損金の額に算入した道府県民税利子割額	4			
	損金の額に算入した納税充当金	5			
	損金の額に算入した附帯税(利子税を除く。)、加算金、延滞金(延納分を除く。)及び過怠税	6			その他
	減価償却の償却超過額	7			
	役員給与の損金不算入額	8			その他
	交際費等の損金不算入額	9			その他
		10			
		11			
		12			
	小　計	13			
減算	減価償却超過額の当期認容額	14			
	納税充当金から支出した事業税等の金額	15			
	受取配当等の益金不算入額(別表八(一)「14」又は「29」)	16			※
	外国子会社から受ける剰余金の配当等の益金不算入額(別表八(二)「13」)	17			※
	受贈益の益金不算入額	18			※
	適格現物分配に係る益金不算入額	19			※
	法人税等の中間納付額及び過誤納に係る還付金額	20			
	所得税額等及び欠損金の繰戻しによる還付金額等	21			※
		22			
		23			
		24			
	小　計	25			外※
仮　計(1)+(13)-(25)		26			外※
寄附金の損金不算入額(別表十四(二)「24」又は「40」)		27			その他
法人税額から控除される所得税額(別表六(一)「6の③」)		29			その他
税額控除の対象となる外国法人税の額等(別表六(二の二)「10」・別表十七(二の二)「20の計」)		30			その他
合　計(26)+(27)+(29)+(30)		32			外※
新鉱床探鉱費又は海外新鉱床探鉱費の特別控除額(別表十(二)「42」)		33	△		※ △
総　計(32)+(33)		35			外※
契約者配当の益金算入額(別表九(一)「13」)		36			
非適格合併又は残余財産の全部分配等による移転資産等の譲渡利益額又は譲渡損失額		40			※
差　引　計(35)+(36)+(40)		41			外※
欠損金又は災害損失金等の当期控除額(別表七(一)「2の計」+(別表七(二)「11」,「22」又は「31」))		42	△		※ △
税余財産の確定の日の属する事業年度に係る事業税の損金算入額		43	△	△	
所得金額又は欠損金額		44			外※

御注意
1　沖縄の認定法人の所得の特別控除額、組合事業等に係る損失がある場合の課税の特例、特定目的会社等又は特定目的信託に係る課税の特例の規定の適用を受ける法人にあっては、別表四を御使用ください。
2　「44」の①欄の金額は、「②」欄の金額に「③」欄の本書の金額を加算し、これから「※」金額を加減算した額と符合することになりますから留意してください。

法　0301-0402

〔法人税申告書　別表五（一）〕

利益積立金額及び資本金等の額の計算に関する明細書

| 事業年度 | ・　・ | 法人名 | |

別表五（一）　平二十二・四・一以後終了事業年度分

I　利益積立金額の計算に関する明細書

区　分		期首現在利益積立金額 ①	当期の増減 減 ②	当期の増減 増 ③	差引翌期首現在利益積立金額 ①-②+③ ④
利益準備金	1	円	円	円	円
積立金	2				
	3				
	4				
	5				
	6				
	7				
	8				
	9				
	10				
	11				
	12				
	13				
	14				
	15				
	16				
	17				
	18				
	19				
	20				
	21				
	22				
	23				
	24				
	25				
繰越損益金（損は赤）	26				
納税充当金	27				
未納法人税等	未納法人税（附帯税を除く。）	28	△	△	中間 △ 確定 △	△
	未納道府県民税（均等割額及び利子割額を含む。）	29	△	△	中間 △ 確定 △	△
	未納市町村民税（均等割額を含む。）	30	△	△	中間 △ 確定 △	△
差引合計額	31				

II　資本金等の額の計算に関する明細書

区　分		期首現在資本金等の額 ①	当期の増減 減 ②	当期の増減 増 ③	差引翌期首現在資本金等の額 ①-②+③ ④
資本金又は出資金	32	円	円	円	円
資本準備金	33				
	34				
	35				
差引合計額	36				

御注意

1　この表は、通常の場合には次の算式により検算ができます。

　　期首現在利益積立金額合計「31」① ＋ 別表四留保所得金額又は欠損金額「44」 － 中間分、確定分法人税県市民税の合計額 ＝ 差引翌期首現在利益積立金額合計「31」④

2　発行済株式又は出資のうちに二以上の種類の株式がある場合には、法人税法施行規則別表五（一）付表（別表五（一）付表）の記載が必要となりますので御注意ください。

法　0301-0501

法人税申告業務—法人税確定申告・納付

〔確定申告と中間申告の関係〕

＜前提条件＞

- 事業年度　4/1〜3/31
- 前期所得　100
- 税　　率　30％

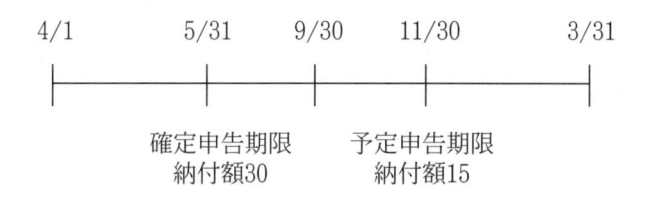

```
 4/1       5/31      9/30      11/30              3/31
  |─────────|─────────|─────────|─────────────────────|
            確定申告期限        予定申告期限
            納付額30            納付額15
```

確定申告納付額30……前期所得100×税率30％

予定申告納付額15……前事業年度の法人税額30× $\frac{6}{12}$

〔法人税確定申告フロー〕

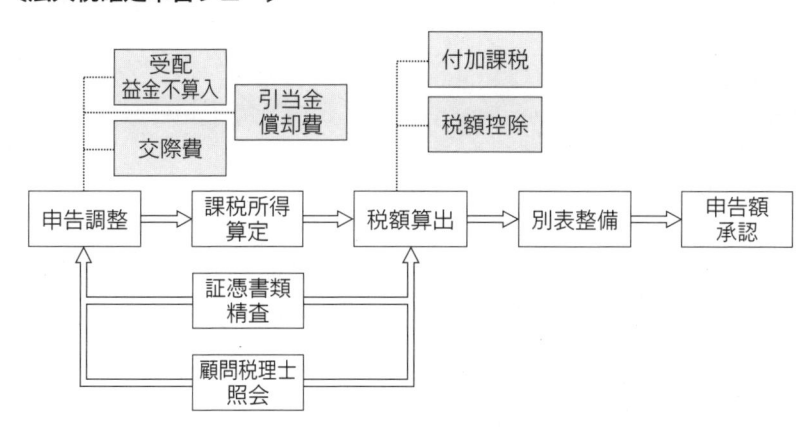

```
   ┌─受配────┐        ┌─引当金─┐        ┌─付加課税─┐
   │ 益金不算入│        │ 償却費  │        │         │
   │         │        └────────┘        │ 税額控除 │
   │ 交際費   │                            └─────────┘
   └─────────┘            │                    │
        │                  ↓                    ↓
   ┌────────┐  ┌────────┐  ┌────────┐  ┌────────┐  ┌────────┐
   │申告調整│→│課税所得│→│税額算出│→│別表整備│→│申告額  │
   │        │  │算定    │  │        │  │        │  │承認    │
   └────────┘  └────────┘  └────────┘  └────────┘  └────────┘
        ↑               ↑
        │   ┌────────┐  │
        ├──│証憑書類│──┤
        │   │精査    │
        │   └────────┘
        │   ┌────────┐
        └──│顧問税理士│
            │照会    │
            └────────┘
```

税務

連結納税申告業務 　4.1　連結納税基礎

　連結納税とは，企業グループを1つの納税単位として申告納付する制度で，平成14年度の税制改正において初めて導入されました。ここでは連結納税制度の概要について学習します。

重要ポイント！
1. 連結納税の採用は任意ですが，継続適用が原則であり，また，適用対象は親法人とその100％子法人のすべてになります。
2. 採用時には，適用範囲や時価評価・繰越欠損金などの取扱いを検討すべきです。

1　特　徴

① 　制 度 選 択

　現在の法人税法は，従来通り法人ごとに申告納付する単体納税制度と，企業グループを1つの納税単位として申告納付する連結納税制度の2本立てです。原則的には，単体納税制度を適用することになりますが，企業グループの判断により連結納税制度を任意に選択することも可能です。

② 　申請書の提出

　連結納税制度を選択する場合には，原則として，適用開始しようとする親法人の事業年度開始日の3か月前までに国税庁長官に対して申請書を提出しその承認を受ける必要があります。

③ 適用範囲

連結納税の適用範囲は，内国法人（国内に本店又は主たる事務所のある法人）である親法人とその親法人に発行済株式総数の100％を直接又は間接に保有される内国法人である子法人になります。

注意すべきは，①で述べた通り，連結納税制度を採用するかどうかは自由ですが，連結納税制度を採用する場合，要件を満たす子法人はすべて強制的に連結納税制度の適用を受けることになる点です。つまり，一部の子法人のみ連結納税制度を適用することはできません。

④ 継続適用

連結納税制度を採用した場合，継続適用が原則となります。連結納税採用後に取り止めることは，連結納税の適用を継続しがたいやむを得ない事情がある場合にしか認められていません。したがって，租税負担の面で単体納税の方が有利だからという理由では取り止めは認められませんので，連結納税の採用に当たっては注意が必要です。なお，取り止めに当たっては，国税庁長官に申請書を提出しその承認を受ける必要があります。

2 採用時の検討事項

- 連結納税グループの範囲
- 採用後の各連結法人の所得又は欠損の発生見込み
- 採用時の子法人の所有する資産についての時価評価の有無
  子法人については原則時価評価（ただし，一定の要件を満たす場合は時価評価の適用対象外）
- 子法人の単体納税時代に発生した繰越欠損金の取扱い
  子法人の繰越欠損金は原則持込み不可（ただし，一定の要件を満たす場合は持込み可）

- 親法人と子法人の事業年度　など

〔連結納税の基礎〕

対象	親法人：普通法人・協同組合等
	子法人：普通法人
範囲	内国法人のみ
	持株割合100％の子会社（強制加入）
選択	任意だが，継続適用が原則
事業年度	親法人に統一
適用開始時・加入時	保有資産は時価評価（原則）。ただし，一定の要件を満たす場合は，時価評価の対象外
	欠損金の持込み不可（原則）。ただし，一定の要件を満たす欠損金に関しては持込み可
特有の事項	譲渡損益調整
	投資価額修正

> **ステップアップ：グループ法人税制**
>
> 　グループ法人税制とは平成22年度税制改正で導入されたもので，現行の単体課税の下で，所得通算までは行わない一方，グループ内取引やグループ法人のステータスについてグループ経営の実態を反映させることを目的として新たに創設された制度です。こちらは連結納税のように申請等により任意に選択するものではなく，100％資本関係のあるグループ内に関して強制的に適用されます。

連結納税申告業務　**4.2　連結納税計算**

　連結納税における税額算定は，連結所得金額の算定と連結法人税額の算定の2段階からなります。ここでは連結納税制度における計算の概要について学習します。

重要ポイント！

1. 連結所得金額の算定においては，連結グループ全体で調整金額を算定し配分する項目や連結納税特有の調整項目に注意が必要です。
2. 連結法人税額の算定においては，各連結法人が個別に算定する項目と連結グループ全体で調整金額を算定し配分する項目があります。
3. 地方税と消費税については連結納税制度の適用はありません。

1　連結所得金額の算定

　連結納税の課税標準は連結所得金額になります。連結所得金額は，連結事業年度の益金の額から損金の額を控除して算定します。基本的には，単体納税と同様に各連結法人が個別に所得金額を算定し，これを合算することになります。例えば，減価償却費の償却限度超過額，圧縮記帳，貸倒引当金繰入額の繰入限度超過額などは，単体納税同様に，各連結法人が個別に申告調整します。

しかし，各連結法人が行うべき申告調整については，単体納税と異なる点もあります。まず，連結グループ全体で調整金額を算定し，その後に各連結法人への帰属額について配分する項目があります。例えば，受取配当等の益金不算入，寄附金の損金不算入，交際費の損金不算入などがあります。

次に，単体納税制度にはない連結納税制度特有の調整項目があります。例えば，連結法人間の譲渡損益調整，子法人株式の帳簿価額修正などがあります。

2 連結法人税額の算定

連結法人税額は，連結所得金額に税率を適用して，そこから税額控除等を行って算定します。税額の調整項目についても，連結所得金額の算定と同様に，各連結法人が個別に算定する項目と連結グループ全体で調整金額を算定しその後に各連結法人にその帰属額を配分する項目があります。

前者については，設備投資に係る税額控除など主に租税特別措置法により認められている各種の税額控除の多くが該当します。これに対して，後者については，所得税額控除，外国税額控除，特定同族会社の留保金課税，試験研究費の税額控除などが該当します。

連結法人税額の算定においては，連結グループ全体の法人税額が算定されるとともに，各連結法人への個別帰属額も算定されます。

3 地方税と消費税

連結納税制度は法人税において適用されるのであり，法人事業税，法人住民税，消費税においては適用がありませんので注意が必要です。したがって，各法人が個別に税額を算定の上，申告・納付します。ただし，法人事業税や法人住民税の税額の算定に当たっては，連結所得金額や連結法人税額の個別帰属額を用います。

連結納税申告業務—連結納税計算

〔連結所得・税額の計算フロー〕

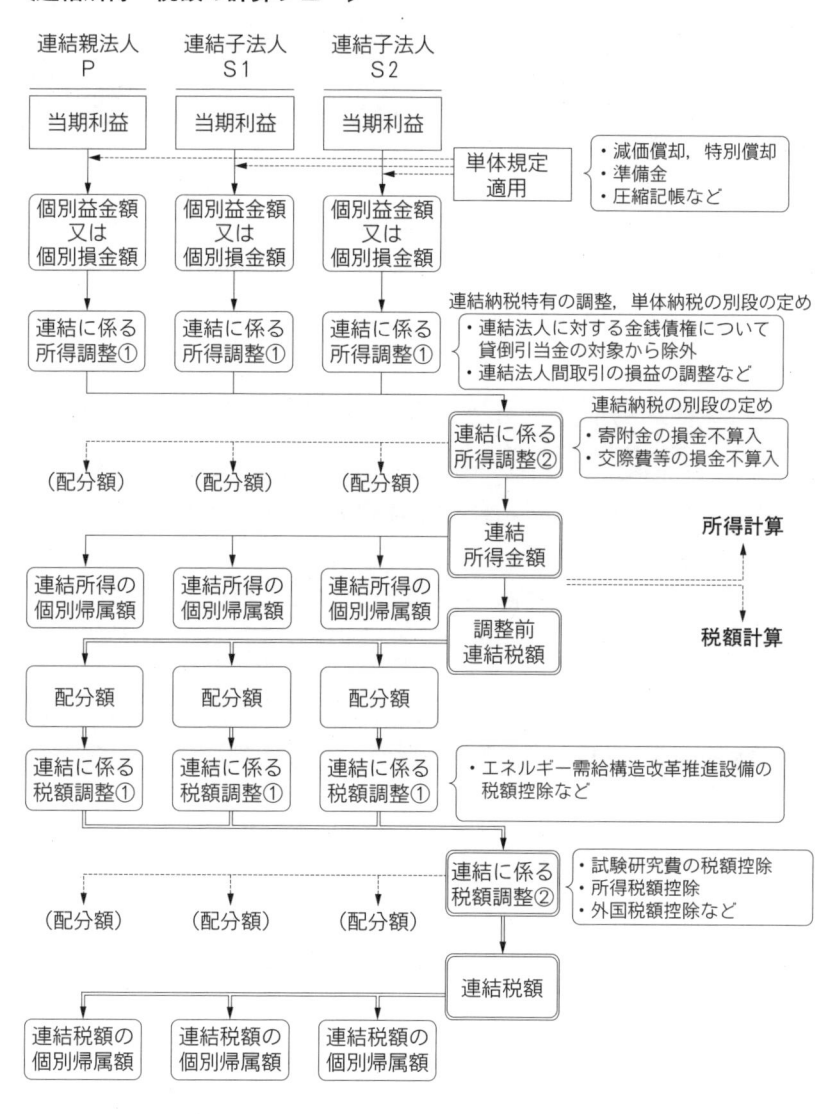

```
連結親法人        連結子法人       連結子法人
    P              S1              S2

 当期利益         当期利益         当期利益
    │               │               │
    │               │               │         ┌──────┐     ・減価償却，特別償却
    │←──────────────┼───────────────┼─────────│単体規定│     ・準備金
    ▼               ▼               ▼         │ 適用 │     ・圧縮記帳など
個別益金額        個別益金額       個別益金額     └──────┘
   又は             又は            又は
個別損金額        個別損金額       個別損金額
    │               │               │
    ▼               ▼               ▼              連結納税特有の調整，単体納税の別段の定め
連結に係る        連結に係る       連結に係る     ・連結法人に対する金銭債権について
所得調整①        所得調整①       所得調整①       貸倒引当金の対象から除外
    │               │               │          ・連結法人間取引の損益の調整など
    │               │               │
    │               │               │              連結納税の別段の定め
    │               │               ▼
    │               │           連結に係る         ・寄附金の損金不算入
    │               │           所得調整②         ・交際費等の損金不算入
 (配分額)         (配分額)        (配分額)
    │               │               │
    │               │               ▼                             所得計算
    │               │            連結
    └───────────────┴──────────→  所得金額
                                    │                     ─────────────────
                                    ▼                             税額計算
                                 調整前
                                 連結税額
                                    │
連結所得の        連結所得の       連結所得の
個別帰属額        個別帰属額       個別帰属額
    │               │               │
    ▼               ▼               ▼
  配分額           配分額           配分額
    │               │               │
    ▼               ▼               ▼
連結に係る        連結に係る       連結に係る         ・エネルギー需給構造改革推進設備の
税額調整①        税額調整①       税額調整①           税額控除など
    │               │               │
    │               │               ▼
    │               │           連結に係る         ・試験研究費の税額控除
    │               │           税額調整②         ・所得税額控除
 (配分額)         (配分額)        (配分額)          ・外国税額控除など
    │               │               │
    │               │               ▼
    │               │           連結税額
    │               │               │
    ▼               ▼               ▼
連結税額の        連結税額の       連結税額の
個別帰属額        個別帰属額       個別帰属額
```

税務

連結納税申告業務　4.3　連結納税申告・納付

　連結納税における申告及び納税は連結親法人が行います。しかし，連結子法人についても，一定の書類の提出義務や連帯納付義務があります。ここでは連結納税の申告・納付について学習します。

> **重要ポイント！**
> 1. 確定申告・納付は，申告期限の延長期間，連結子法人の個別帰属額等の届出・連帯納付義務・親法人との精算に注意が必要です。
> 2. 中間申告・納付は，仮決算を行う方法と行わない方法があります。

1　確定申告・納付

(1) 申　　　告

　連結親法人は，連結事業年度終了の日の翌日から2か月以内に，連結親法人の所轄税務署長に対し，連結確定申告書を提出しなければなりません。

① 申告期限の延長

　連結親法人が会計監査人の監査を受けなければならない等の理由により，提出期限までに提出することができない場合には，申告期限を2か月延長することができます。この場合，連結事業年度終了の日の翌日か

ら45日以内に連結親法人の所轄税務署長に申請書を提出する必要があります。

② 連結子法人

連結子法人は，各連結事業年度の連結確定申告書の提出期限までに，連結所得金額及び連結法人税額の個別帰属額等を記載した書類や決算書その他を，各連結子法人の所轄税務署長に提出する必要があります。

(2) 納　付

連結親法人は，連結確定申告書の提出期限（連結事業年度終了の日の翌日から2か月以内）までに，連結法人税額を納付しなければなりません。

① 利　子　税

申告書の提出期限の延長が認められている場合でも，納付期限は延長されませんので注意が必要です。提出期限の延長が認められている場合において，納付期限までに納付しなかった場合には，申告書の提出期限から延長の承認を受けた日までの期間について利子税が課されます。

② 精　算

連結法人税額の納税義務は連結親法人にありますが，連結子法人についても個別帰属額について連結親法人と精算する必要が生じます。個別帰属額がプラスの場合には連結親法人に支払い，マイナスの場合には連結親法人から還付を受けることになります。この精算を相当の時期までに決済しない場合には，寄附金又は貸付金として認定される場合もありますので注意が必要です。

③ 連帯納付義務

連結子法人には，連帯納付義務がありますので，連結親法人が連結法人税額を納付できない場合には，連結子法人に対して納付が要求されます。

2 中間申告・納付

　連結親法人は，その連結事業年度が6か月を超える場合には，その連結事業年度開始の日以後6か月を経過した日から2か月以内に連結中間申告書を提出しなければなりません。中間申告は，原則として前期実績に基づきますが，仮決算を行い当期実績に基づくことも認められます。

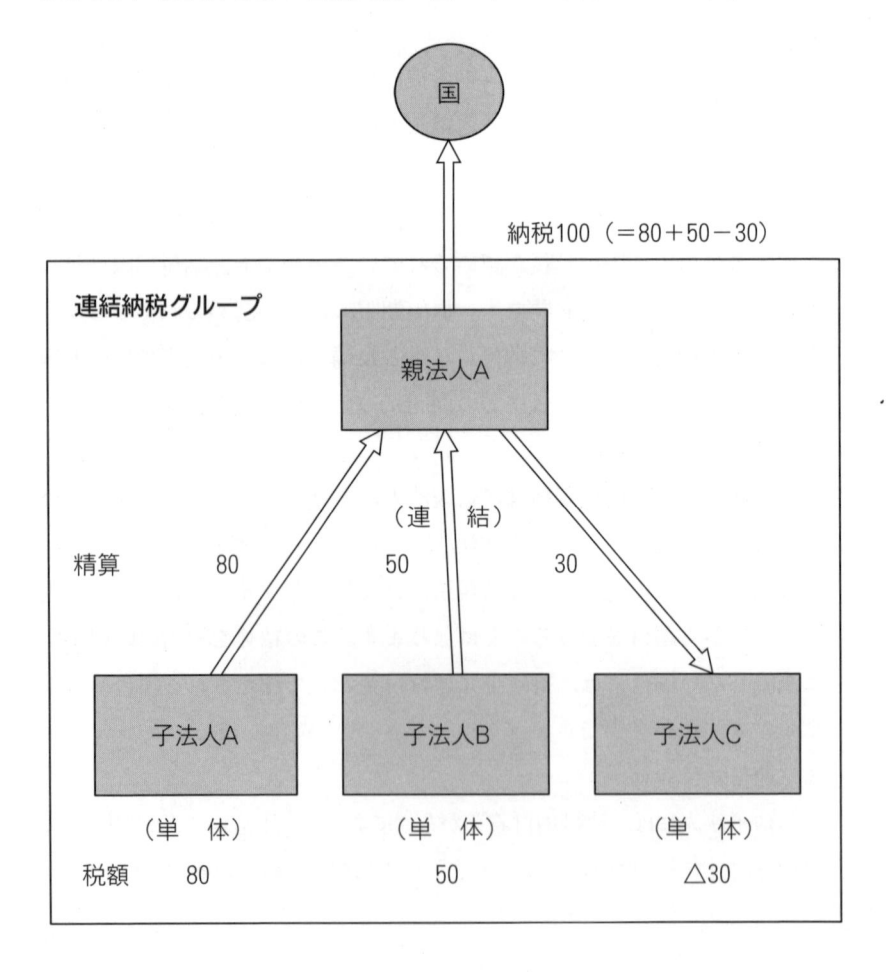

```
                      国
                      ↑
                納税100（＝80＋50－30）

連結納税グループ
                   親法人A

                  （連　結）
精算      80        50        30

             子法人A   子法人B   子法人C
             （単体）  （単体）  （単体）
税額      80        50        △30
```

税務調査対応　5.1　調査前準備

　税務調査とは，法人が申告した内容が適正であるかどうかを国税局や税務署の職員が確認することです。ここでは税務調査の概要と事前準備について学習します。

> **重要ポイント！**
> 1．税務調査には強制調査と任意調査があります。
> 2．事前に必要書類を準備し，調査が予想される項目の内容確認や資料整備が必要です。

1　税務調査の概要

① 目　　　的

　法人税については，法人が自ら税額を計算し，申告・納付する申告納税制度が採用されています。税務調査は，法人が行った申告の内容が，適法・適正であるかどうかを国税当局が確認するもので，申告納税制度を担保する意味があります。

② 種　　　類

　税務調査には，強制調査と任意調査があります。強制調査は，悪質な脱税が見込まれる場合に，国税犯則取締法に基づき裁判所が捜査令状を発行して国税局査察部において行われる税務調査です。

　これに対して，任意調査は，強制調査以外の税務調査をいいます。適

正・公平な課税を実現するために各税法に規定する質問検査権に基づき国税局又は税務署により行われるもので，一般的な税務調査のほとんどは任意調査です。しかし，任意とはいっても正当な理由なしに拒んだりすると罰則が適用されます（受忍義務）。

2 事前準備

税務調査が行われる場合，通常は，事前に法人に連絡があります（証拠隠滅が予想される場合には，事前通知がない場合もあります）。その際には，調査日時，担当調査官の所属部門・名前，調査対象税目，調査対象期間，調査当日に用意しておく書類等を確認します。顧問税理士等がいる場合には，連絡を取り打ち合わせをする方が良いでしょう。また，調査を受ける場所を確保するとともに，机や金庫，ロッカーなどを整理することも重要です。なお，日程については，会社の予定を調整して対応することが望ましいですがやむを得ない事情がある場合には，その旨を伝え，日程の変更を申し出ます。

税務調査に当たり事前に準備しておく書類としては，決算書，申告書，総勘定元帳，補助元帳，見積書，請求書，領収書，契約書，議事録，給与台帳，源泉徴収簿，会社案内，組織図，従業員名簿などがあります。

事前に確認すべきポイントしては，まず，調査対象期間について特殊事象がある場合（業績が大きく変動した場合，多額の費用・損失を計上した場合，組織再編が行われた場合など）には，その内容の確認や根拠資料・説明資料の整備が重要です。また，前回の税務調査で指摘を受けた事項がある場合には，その対応状況を確認することも必要です。

法人の税務調査の対象は，通常，法人税以外にも，消費税や源泉所得税などにも及びますので，消費税については計算明細書，源泉所得税については給与台帳や源泉徴収簿などの資料の準備も必要になります。

税務調査対応 　5.2　調査対応

　税務調査においては調査官の質問の内容や意図をよく理解した上で対応することが望まれます。ここでは調査中の対応及び調査後の対応について学習します。

> **重要ポイント！**
> 1．税務調査においては誠実な対応を心掛けることが重要です。
> 2．調査後は，指摘事項を良く検討した上でその対応を判断する必要があります。

1　調査中の対応

①　身分証明書の提示・確認

　税務調査を受ける場合には，まず調査官の身分証明書を確認します。税務調査を行う税務職員には，身分証明書の携帯が義務づけられており，請求があった場合には提示する必要があります。

②　調査中の注意事項

　調査が始まったら，調査官から取引内容や会計処理などについて質問を受けることになります。その際には，質問の内容や意図をよく理解した上で誠実に対応するよう心掛けましょう。また，質問の内容は過去のことが中心になりますので，記憶が不鮮明で即答できないなどの場合には，曖昧なまま答えるのではなく，調査・確認の上後日回答する旨を伝

え了解を得るようにします。

調査中には，調査官から処理内容につき指摘を受けたり，税法の解釈についての説明を受けることがありますが，その場合には，その内容を控えるようにします。調査中にすべてのことが結論づけられるわけではありませんので，調査官との論争や感情的な対立は極力避けるようにしましょう。

③　反面調査とは

なお，税務調査においては，納税者の説明や帳簿等の内容が不明瞭であり不審点が解明できない場合や，納税者が調査に協力しない場合には，納税者の取引先等にその内容を確認することがあります。これを反面調査といいます。

2　調査後の対応

①　指摘事項の整理とその対応

調査が一通り終了したら，調査中の指摘事項を整理します。指摘事項については，事実関係を確認し，根拠条文等を検討した上で，受け入れるか否かを判断します。

税務調査の結果，申告された課税標準や税額が，課税庁の計算と異なり過少であるときは更正処分（納税申告書の提出があった場合に課税庁が計算等の誤りを正す処分）や決定処分（納税義務者が納税申告書を提出しなかった場合に課税庁が課税標準や税額を決める処分）を受けるかあるいは修正申告の提出が求められます（後者を修正申告の慫慂といいます）。

②　附帯税と不服申立

これらの場合には，本税の追加納付のほかに附帯税というペナルティも課せられます。附帯税には，加算税や延滞税などがあります。加算税

には，申告期限内に申告した金額が少なかった場合に課される過少申告加算税や申告期限内に申告しなかった場合に課される無申告加算税，税額計算の基になる事実につき仮装・隠蔽があった場合に課せられる重加算税などがあります。延滞税は，本来納付すべき税金を法定の納期限までに完納しなかった場合に課されます。

更正や決定の内容に不服がある場合には不服申立を行うことができます。しかし，修正申告に応じた場合には不服申立を行うことはできません。

〔税務調査の対象となりやすい会社（調査前準備）〕

① 業績が良い会社

② 異常値がある場合・業績が大きく変わった場合
　過去数年分の決算書や申告書の比較検討により，異常な数字がある場合や業績が大きく変わった場合など

③ 過去の税務調査の履歴
　過去の税務調査の履歴があまり良くない場合

④ 前回の調査から数年が経過している場合

⑤ 特定の業種
　建設業，不動産業，風俗業，パチンコ業など

⑥ そ の 他
　多額の貸倒れがある場合，多額の不動産取引がある場合，海外取引がある場合など

〔税務調査のポイント〕

(1) 収入項目・・・網羅性の検証
　　（売上関係）期ズレの有無
　　　　　　　　売上の計上もれ
　　　　　　　　翌期売上の確認　など

(2) 費用項目・・・損金性の検証
　　（売上原価）原価率の把握　など
　　（販　管　費）役員給与，交際費，修繕費，貸倒損失，支払手数料，賃借料の内容　など
　　（そ　の　他）固定資産除売却損，在庫廃棄損，有価証券評価損の内容　など

(3) 資産項目・・・網羅性の検証
　　（債　　権）回収期間の把握
　　　　　　　　貸倒れの検証　など
　　（在　　庫）回転率の把握
　　　　　　　　評価方法の検証
　　　　　　　　現場視察　など
　　（有形固定資産）修繕費の内容検証
　　　　　　　　新規購入資産の取得価額の検証　など

(4) 負債項目・・・負債性の検証
　　未払賞与の内容，預り保証金の償却の確認　など

4 資　金

1 　現金出納管理
2 　手 形 管 理
3 　有価証券管理
4 　債務保証管理
5 　貸付金管理
6 　借入金管理
7 　社 債 管 理
8 　デリバティブ取引管理
9 　外貨建取引管理
10　資 金 管 理

現金出納管理 ▶ **1.1 銀行振込入出金管理**

　企業が取引を行う際，現金での取引は限られており一般的には銀行の預金口座を介した取引がほとんどになります。ここでは銀行口座への振込入金・振込出金について学習します。

> **重要ポイント！**
> 1. 預金取引時にはファームバンキングやインターネットバンキングも活用します。
> 2. 銀行振込入金時には，請求書等と照合し入金内容を確認します。
> 3. 銀行振込支払時には，手続きを行う者と承認を行う者とを別々にし，間違いを防ぐともに内部統制を図るようにします。

1 ファームバンキング・インターネットバンキングの活用

　ファームバンキング（FB）とは，金融機関と自社の端末（PCを含む）を通信回線で接続し，振込や照会などの銀行手続きを行う法人向けサービスのことで専用ソフトをパソコンにインストールするのが一般的です。近年では専用ソフトの不要なインターネットバンキング（ネットバンキング）への移行が進んでいて，こちらが主流となっています。

　FB，ネットバンキングでは，総合振込・残高照会・入出金照会等を様々な取引を行うことができ，銀行窓口を介した取引と比較して大幅な省力化

を図ることができます。

2 銀行振込入金の手段と対応

　企業が顧客から振込入金があった時に入金情報を得るための手段として，主に以下の方法があります。
- 通帳を記帳する
- 銀行から振込明細を入手する
- FB，ネットバンキングを活用する

　入金情報入手後，請求書や契約書等と照合し入金内容が適正かどうかを確認するとともに必要に応じて，関連部署への問い合わせも行います。

3 銀行振込支払手続き

　関係部署から支払依頼があった場合には，まず，その契約内容や請求書を確認し支払内容や妥当性を検証します。その後，取引条件を確認しインターネットバンキングや振込依頼書を銀行に持ち込んで支払手続きを実行します。支払手続きを行う際は，手続きを行う者と最終的に承認を行う者とを別にし，支払先や金額の間違いを防ぐとともに内部牽制を図るようにします。

〔銀行振込支払　支払精査フロー〕

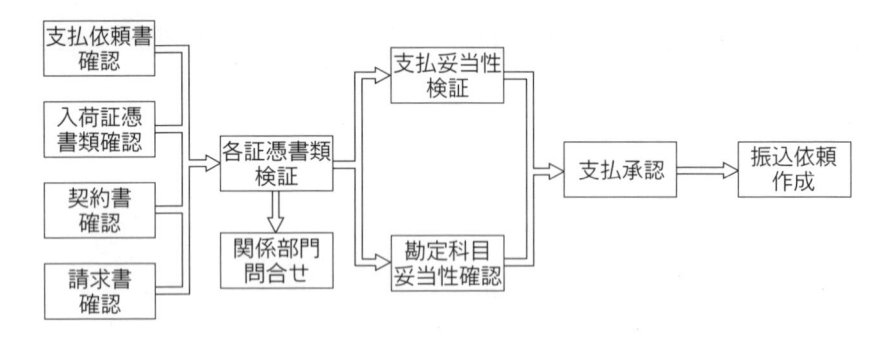

```
┌─────────┐
│支払依頼書│
│  確認   │
└────┬────┘
     │
┌─────────┐                    ┌─────────┐
│入荷証憑 │                    │支払妥当性│
│書類確認 │      ┌─────────┐   │  検証   │──┐
└────┬────┘     │各証憑書類│──┤         │  │    ┌─────┐    ┌─────────┐
     ├─────────▶│  検証   │  └─────────┘  ├──▶│支払承認│──▶│振込依頼│
┌─────────┐     └────┬────┘               │   │      │   │  作成  │
│ 契約書  │          │       ┌─────────┐   │   └─────┘    └─────────┘
│  確認   │          │       │勘定科目 │──┘
└────┬────┘          ▼       │妥当性確認│
     │         ┌─────────┐   └─────────┘
┌─────────┐   │関係部門 │
│ 請求書  │   │問合せ   │
│  確認   │   └─────────┘
└─────────┘
```

〔銀行振込支払　支払実行フロー〕

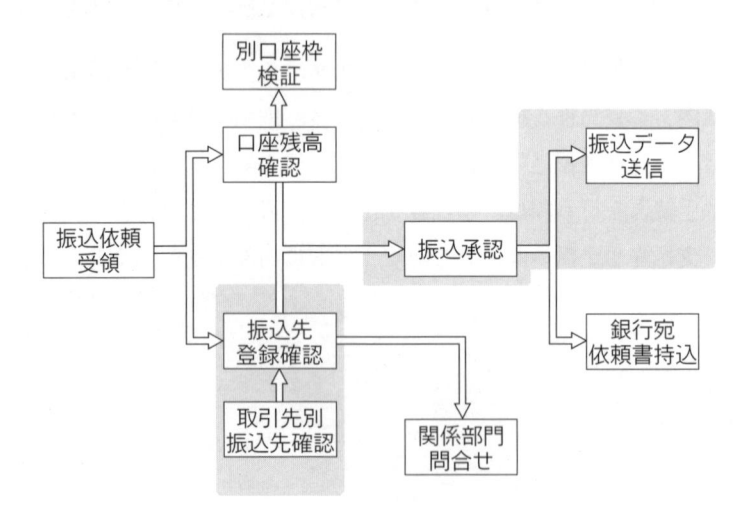

```
                    ┌─────────┐
                    │別口座枠 │
                    │  検証   │
                    └────▲────┘
                         │
              ┌─────────┐                    ┌─────────┐
              │口座残高 │                    │振込データ│
              │  確認   │                    │  送信   │
              └────▲────┘                    └─────────┘
                   │                              ▲
┌─────────┐       │          ┌─────────┐         │
│振込依頼 │───────┤         │振込承認 │─────────┤
│  受領   │       │          │         │         │
└─────────┘       │          └─────────┘         ▼
                   │                         ┌─────────┐
              ┌─────────┐                    │銀行宛   │
              │振込先   │                    │依頼書持込│
              │登録確認 │                    └─────────┘
              └────▲────┘
                   │      ┌─────────┐
              ┌─────────┐ │関係部門 │
              │取引先別 │ │問合せ   │
              │振込先確認│ └─────────┘
              └─────────┘
```

現金出納管理 > **1.2 小口現金管理**

　企業では少額の経費支払に充てるため，支払担当者に予め少額の現金を渡しておき，切手代，文房具代等の日常の経費支払を行います。この現金を小口現金と呼びます。
　ここでは小口現金の管理について学習します。

> **重要ポイント！**
> 1．1日の終わりには，手許現金の残高と出納帳の残高を照合し，残高の一致を確認します。
> 2．小口現金の主な管理方法としてインプレストシステムと随時補充法の2つがあります。
> 3．内部牽制を行う仕組みを作る必要があります。

1　残高の一致の確認

　小口現金の支払担当者は1日の終わりには必ず手許現金残高と小口現金出納帳残高が一致しているかを確認し，上長に報告を行う必要があります。
　残高の不一致が生じないようにするためには，小口現金から支払う時には担当者は必ず領収書等と引き換えに支払を行うこと，渡す金額が合っているかを確認し，その都度，小口現金出納帳に取引を記入することが重要です。

資金

```
┌──────────┐  確認   ┌────────┐  確認   ┌────────┐
│ 小口現金 │ ⇔      │ 手許現金│ ⇔      │ 金種表 │
│ 出納帳   │         │         │         │        │
└──────────┘         └────────┘         └────────┘
```

残高が不一致の場合，上長へ報告するとともに，小口現金出納帳と領収書等を突合し，支払いに誤りがなかったかを確認します。

2 小口現金の管理方法

小口現金の管理方法には概ね次の方法があります。
① 定額資金前渡制（インプレストシステム）
　予め小口現金の金額を決めておき，定期的に使用した金額を担当者から報告してもらい，使用した金額を補充します。
② 随時補充法
　特に補充金額や補充時期を定めずに，必要な都度，現金を補充します。

現金出納管理―小口現金管理

3 内部牽制を行う仕組み

　現金を手元に置いておくことは盗難や紛失が起こる可能性があり，また，不正の対象となりやすいため，取扱いには注意する必要があります。

　不正を防ぐために，支払可能金額，内容などを予め定めておく必要があります。例えば，仮払いについては，事前に申請手続きを必要とする，一定金額以上については上司の承認を必要とするなどの取決めが上げられます。

　内部牽制を図る手段として次の方法があります。

① 現金は常に金庫に入れて保管をします。
② 現金出納担当者と記帳担当者を別の担当者となるようにします。
③ 支払の可能な内容，金額の上限，支払者の権限を決めておきます。
④ 第三者によるチェックを定期的に行うようにします。

〔小口現金管理　残高管理フロー〕

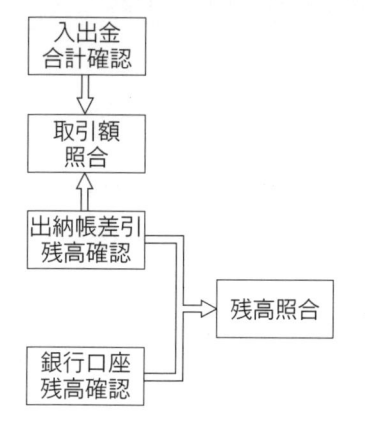

```
┌─────────┐
│ 入出金   │
│ 合計確認 │
└────┬────┘
     ↓
┌─────────┐
│ 取引額   │
│ 照合     │
└─────────┘
     ↑
┌─────────┐
│出納帳差引│────┐
│残高確認  │    │
└─────────┘    ↓
            ┌─────────┐
            │ 残高照合 │
            └─────────┘
┌─────────┐    ↑
│ 銀行口座 │────┘
│ 残高確認 │
└─────────┘
```

資金

現金出納管理 > 1.3 現預金残高管理

　ここでは現金管理，預金管理を学習します。特に現金管理は経理の基本であり，毎日残高と実額が一致するようにしなければなりません。現金は残高管理を行いやすい項目であるため，税務調査の際に現金と帳簿残高が合わないことが分かると全ての資料の信頼性が疑われることとなります。

> 重要ポイント！
> 1. 現金管理において，取引の都度処理を行うことと日々の業務の最後に帳簿残高と現物を合わせることが重要です。
> 2. 現金の取り扱いにおいて不正が起こらないように内部牽制の仕組み作りを行います。
> 3. 取引がほとんどない口座は廃止の検討も行います。

1 現金管理のポイント

　現金管理は，取引の都度処理を行うことと日々の業務の最後に現金を数え貨幣の種類と枚数を記載した金種表を作成し実際残高と照合することが重要な業務のポイントとなります。

　実際の残高と現金出納帳残高を何度確認しても不一致の場合には，「現金過不足勘定」を使って現金残高と現金出納帳残高を一致させます。「現金過不足勘定」は原因が不明の場合に一時的に使用する勘定であり，原因が分かった場合には，その都度振り替えます。最終的に原因不明の場合に

は，雑収入もしくは雑損失として処理をすることとなります。

2 現金管理の内部牽制の方法

現金取引は不正が起こりやすいところなので，十分な内部牽制の仕組みを作ることが重要となります。現金に関する不正の発見や防止を目的とする手段として次のものが考えられます。

① 出納業務担当者と記帳業務担当者を分け，分担して業務を行います。
② 担当者や上長の権限を明確に決めておきます。
③ 過不足の発生時には原因を徹底的に追究します。
④ 経費支払は小口現金制度を利用します。
⑤ 領収書などの証憑書類の管理を徹底します。
⑥ 第三者による抜き打ち検査を定期的に行います。

3 預貯金の残高管理

預金の管理は銀行預金口座の入出金の事実をもとに口座ごとに預金台帳を作成し管理を行います。この場合最終的な残高の一致の確認だけでなく，入金・出金の取引の内容の確認が必要となります。これにより異常な取引の検証が可能となります。

また，使用頻度の低い通帳の使用の廃止の検討やペイオフへの対応の検討なども行います。

〔現金残高照合フロー〕

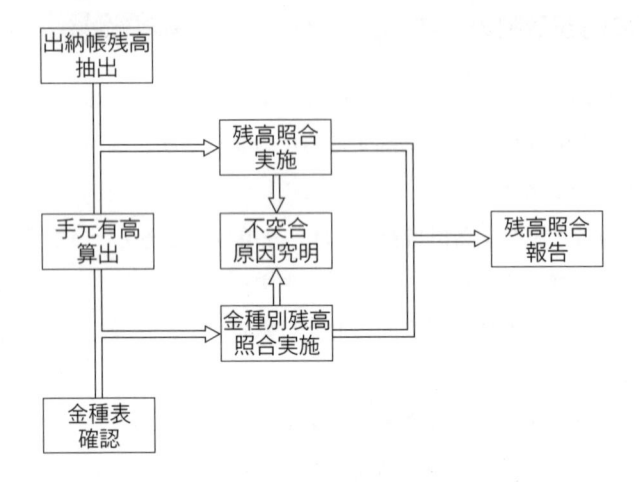

```
┌──────────┐
│出納帳残高│
│  抽出    │
└────┬─────┘
     │      ┌──────────┐
     ├─────→│残高照合  │
     │      │  実施    │──────┐
┌────┴─────┐└────┬─────┘      │
│手元有高  │     ↓            │
│  算出    │┌──────────┐     ┌──────────┐
│          ├→│不突合    │     │残高照合  │
│          │ │原因究明  │────→│  報告    │
└────┬─────┘ └────↑─────┘     └──────────┘
     │      ┌────┴─────┐      │
     └─────→│金種別残高│──────┘
            │照合実施  │
┌──────────┐└────↑─────┘
│金種表    │     │
│  確認    │─────┘
└──────────┘
```

手形管理 > 2.1 受取手形・支払手形管理

　手形は記載される金額も大きいため発行時，受取時共に手形要件の確認がとても大切になります。また，盗難にあわないように十分に注意し管理をする必要もあります。ここでは手形の管理について学習します。

重要ポイント！

1. 手形取引を行う際は，事前に与信調査を行います。
2. 手形要件は受取時・振出時ともに確認することが大切です。
3. 手形の裏書がある場合には，裏書が連続していることを確認します。
4. 手形の不渡事由には，0号不渡事由，1号不渡事由，2号不渡事由の3つがあります。
5. 支払手形は期日管理を行い，資金繰りからもれないようにします。
6. 振り出した支払手形の決済が困難な場合には，手形の更改（ジャンプ）の要請も検討します。

1　取引の注意点

　手形取引を行うにあたっては回収できない場合のリスクを十分に考える必要があります。手形取引を実施する場合に特に注意すべき点については次のとおりです。

① 取引先の財務状況の確認のため，与信調査を行う。

② 与信状況に応じて長すぎない支払サイトを設定する。
　③ 取引開始後についても与信状況は継続して管理し，状況の変化に応じて支払サイト等の変更も検討する。

　また，管理にあたっても不正が行われないように十分な対応が必要です。具体的には月に1度は保管責任者以外の人が実査を行うなど，継続的に確実な手形管理が維持できる業務手順を設定するようにします。

2 手形要件

　約束手形は，発行時，受取時ともに手形の要件の確認が非常に大切になります。手形の要件には次のものがあります。

　① 約束手形文句　　　② 受取人の名称　　　③ 手形金額
　④ 支払約束文句　　　⑤ 振出日　　　　　　⑥ 振出地
　⑦ 振出人の記名・押印　⑧ 支払期日　　　　　⑨ 支払地

　約束手形はこれらの全てが記載されていないと手形の要件を満たさないこととなりますので注意が必要です。

　手形の受取時には，要件の確認後，すぐに受取手形台帳に記入し現物を確認し金庫に保管します。また，取立て期日の管理という観点から期日別管理も重要になります。受取手形は期日を過ぎると無効になるため，期日前に取立ての依頼をする必要があります。

3 手形の裏書き

　約束手形は支払日まで待てば振出人から支払を受けることができますが，支払期日前に取引先等への支払に充てるなど譲渡をすることもできます。
　この際「手形の裏書き」といって手形の裏面に会社の住所や社名等を記載します。この時は必ず裏書きが連続していることを確認します。
　また，受取手形は裏書きを行うことにより，支払期日前に金利に相当す

る割引料を差し引いて金融機関に買い取ってもらうことが可能です。これを手形の割引といいます。

4　手形の不渡り

不渡りとは，何らかの理由で手形金の支払を銀行が拒絶することをいいます。不渡りの理由は次の3つに区分されています。

① 　0号不渡事由…手形が適法な提示でないため不渡りになる場合
　　　　　　　　（振出人の信頼に関係しない不渡り）
② 　1号不渡事由…資金不足等の理由により不渡りになる場合
　　　　　　　　（振出人に一方的に責任がある不渡り）
③ 　2号不渡事由…契約不履行，詐欺，偽造等の理由により不渡りになる場合

不渡りが起こった場合には，銀行から不渡り事由が記載された付箋がついて戻ってきます。この不渡事由の確認後，受取人はそれぞれの不渡り事由に応じて法に基づいた迅速な行動を取ること，また，収集した情報を自社の全組織に通知することにより，被害を最小限に抑えることが必要です。

また，不渡りが6か月以内に2回起きると銀行取引停止処分となるため一般的に事実上の倒産と見られることとなります。

5　支払手形の管理

銀行と当座勘定取引契約を結ぶと約束手形帳，当座勘定入金帳などが渡され手形の振出しができるようになります。振出人は銀行から渡された統一手形用紙を使って手形要件を全てもれなく記載し，手形を振り出すこととなります。

手形を振り出した際に注意すべき点は次の点になります。

① 　支払期日管理を確実に行い，資金繰りに反映するようにします。

② 印紙を貼ることと消印を忘れないようにします。

6 手形の更改（ジャンプ）

振り出した支払手形の決済が困難と思われるときは手遅れにならないうちに手形の所有者と支払期日の延長交渉をする必要が出てきます。手形所有者との交渉で期限の延長を受け入れてもらったときは，支払期日の延びた手形を振り出し，旧手形を廃棄します。これを手形の更改（ジャンプ）といいます。

〔受取手形回収フロー〕

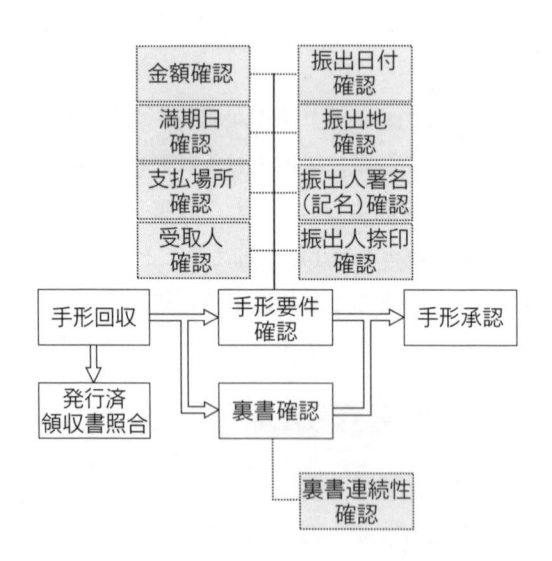

手形管理 > **2.2 小切手管理**

小切手は代金決済のために使用されることがあり，現金に代わる性格を持っています。そのため取扱いに注意する必要があります。ここでは小切手を受け取った際の基本的な事項について学習します。

> 重要ポイント！
> 1. 小切手には，当座預金から振り出されたものの他，銀行等から振り出された預金小切手と呼ばれるものがあります。
> 2. 小切手を受け取った際はすぐに小切手要件を確認することが大切です。

1 小切手の概要

小切手とは，小切手法に基づき，銀行等の支払場所において，持参人に対して記載されている金額が支払われる証券のことをいいます。そのため小切手は代金決済のために現金に代わる性格をもっています。現在，振り出される小切手には主に2つのものがあります。

① 銀行に当座預金口座を開設し，交付を受けた小切手帳にて振り出した小切手。

② 銀行等にその券面額に相当する金額を払い込み，銀行等が自らを支払人として振り出した小切手。これを自己宛小切手といい，一般的には預手（よて。預金小切手の略）と呼ばれています。

資金

2 小切手を受け取った場合のポイント

小切手を受け取った場合の実務上重要なポイントは次の点になります。

① 小切手を受け取ったときはすぐに小切手要件（小切手文句，小切手金額，支払委託文句，支払人，支払地，振出日，振出地，振出人の署名）を確認します。小切手要件を満たしていない小切手に対する支払はされませんので注意が必要です。

② 受け取ったらすぐに銀行に取り立てに出します。小切手は振出日より10日間が支払呈示期間のため速やかに取り立てに出す習慣が必要です。

③ 盗難・紛失・不正等がないように保管は金庫で行うようにします。また，資金繰りの面では，小切手は資金化をするのに最低2日必要となります。現金と同じといってもすぐに使えないものですので注意が必要です。

④ 管理台帳において速やかに管理を行います。経理担当者は，日付，小切手番号，相手先，金額等の情報を管理台帳に記載します。これは不渡り等の何らかの事態が起きたときにすぐに対応するためです。

手形管理―小切手管理

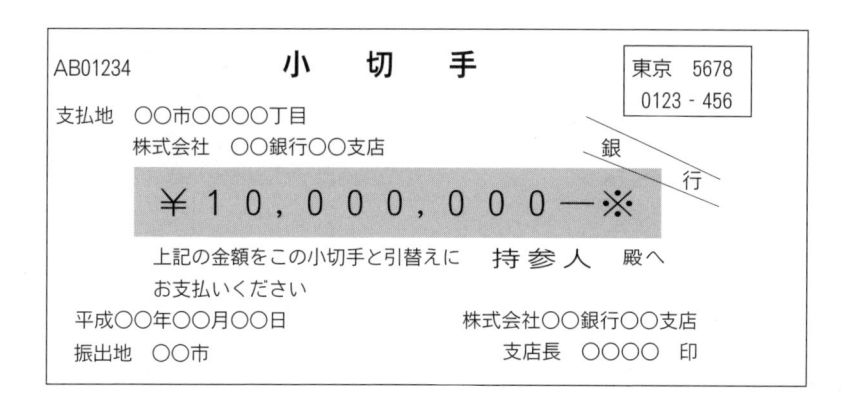

```
AB01234         小 切 手           東京  5678
                                  0123 - 456
支払地  ○○市○○○○丁目
       株式会社　○○銀行○○支店        銀
                                        行
       ￥10,000,000―※

       上記の金額をこの小切手と引替えに  持 参 人  殿へ
       お支払いください
       平成○○年○○月○○日         株式会社○○銀行○○支店
       振出地　○○市              支店長　○○○○　印
```

〔小切手入手フロー〕

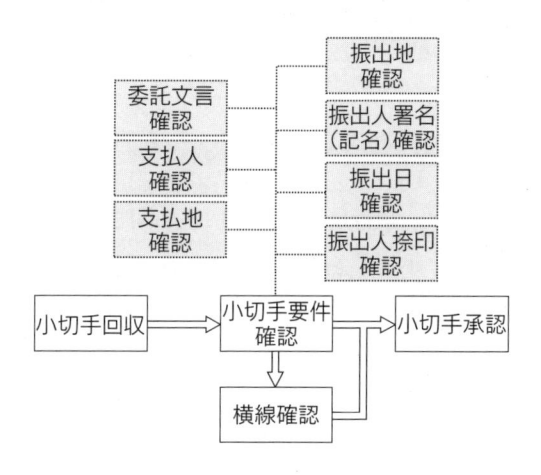

```
                    ┌─→ 振出地確認
                    │
       委託文言確認 ─┤
                    ├─→ 振出人署名(記名)確認
       支払人確認 ──┤
                    ├─→ 振出日確認
       支払地確認 ──┤
                    └─→ 振出人捺印確認

小切手回収 → 小切手要件確認 → 小切手承認
                    ↓
                横線確認
```

資金

手形管理 / 2.3 小切手振出

　最近では銀行振込みによる支払が主流ですが，小切手で支払われることも多くあります。ここでは小切手の振出しに関して学習します。

重要ポイント！
1. 小切手の振出しの際の概要を確認します。
2. 振出小切手は現金と同様のため，取扱いは慎重に行う必要があります。

1　小切手の振出し

　小切手を利用しようとする会社は，銀行に当座預金口座を開き，小切手用紙の交付を受けることによって，小切手を振り出すことができるようになります。

　小切手を振り出すときは小切手用紙に必要な要件（金額，発行日付，振出人の署名と押印）をもれなく記載します。金額を書き間違えたときは，新しい用紙を利用して書き直し，書き損じの小切手には「取り消し」等のゴム印を押して保管するなど悪用されないようにします。

　小切手の左側の控えの部分にも金額，発行日付，渡し先，摘要などを記入します。この際に小切手の作成者と押印者を分けて小切手と小切手控えの内容，伝票の内容が一致しているかを確認しなければなりません。

　また，小切手は持参人払いなので便利ですが，紛失したときのリスクが

手形管理—小切手振出

高いものです。そのため線引きという手段によって銀行口座に入金を限定する方法や特定線引きといって，指定された銀行でしか支払をできないようにする方法があります。

2 振出小切手の管理のポイント

振出小切手の管理のポイントは次の点になります。小切手は現金と同じですからその取扱いは慎重に行われなければなりません。

① 振出小切手のうち未決済分の残高管理を確実に行う。
② 小切手には線引きを行い，安全性を高める。
③ 盗難紛失を避けるため，金庫に保管する。
④ 内部統制の点から小切手の作成者と押印者を別にする。また，小切手印と小切手帳の管理場所を分けるようにする。

〔小切手振出フロー〕

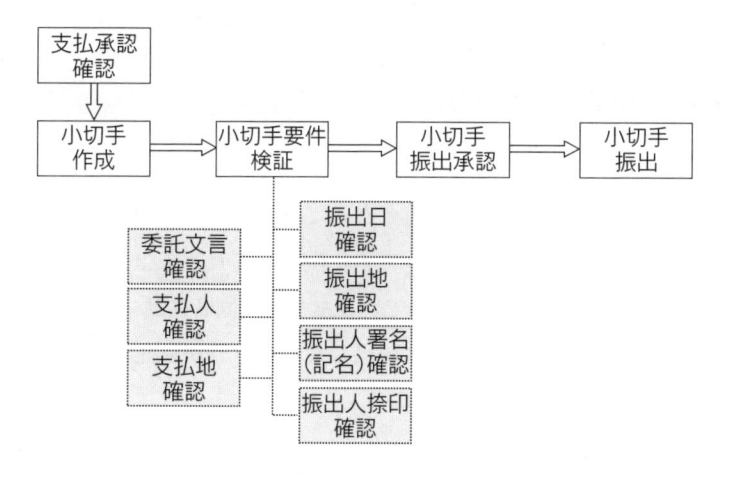

```
支払承認
確認
  ↓
小切手  →  小切手要件  →  小切手     →  小切手
作成       検証          振出承認       振出
             │              
           ┌─┴────────┐
        委託文言      振出日
        確認          確認
        支払人        振出地
        確認          確認
        支払地        振出人署名
        確認          (記名)確認
                      振出人捺印
                      確認
```

資金

有価証券管理 > **3.1 有価証券運用**

　企業では中長期の運用目的で有価証券の購入を行うことがあります。この場合には，中長期資金計画のもと，資金運用方針に従って実行します。ここでは有価証券の運用に関して学習します。

> 重要ポイント！
> 1．資金計画の確認と運用方針に基づき運用商品を決定します。
> 2．投資商品の概要と特徴を確認します。
> 3．インサイダー取引に該当していないか，注意して意思決定する必要があります。

1 資金計画の確認と運用方針

　中長期の資金計画を基に運用可能な期間や金額を設定し，資金運用の基本方針を決定します。ここでは手元資金として確保する金額や運用先，具体的な運用商品を決定することとなります。投資にあたっては市況状況を考慮し，銘柄，金額，運用期間を決めていきますが，同時にリスクの分散，投資先の安全性，インサイダー取引に該当しないかどうか確認をすることが大切になります。

2 投資商品の概要と特徴

　投資の対象となる有価証券には大きく分類して債券，株式，投資信託が

あります。

　債券は発行されるときに決定された利回りが満期まで支払われる商品であり，満期まで保有することで安定した利回りを得ることができます。リスクとして発行元の債務不履行があげられます。

　株式は配当や値上がり益が期待できますが，その一方で大きく値下がりする可能性があります。相対的にリスクが高い商品であるといえます。

　投資信託は機関投資家のような運用のプロの手で投資家から資金を集めて運用されるもので，小口の投資から運用が可能です。投資信託には公社債を対象とした公社債投資信託と株式が対象に含まれる株式投資信託のおおむね2つに分けられます。公社債投資信託は公社債を対象として運用されるため比較的安全性が高い商品となっています。

　1つの商品で収益性・安全性・流動性の全てを満たすことは難しいため，この中からいくつかを組み合わせることによってリスクの分散を図り，実際の資金運用を行うこととなります。この投資先に対する判断指標の1つとして専門会社による「格付け」があり，参考とされることがあります。

用語の意味：格付け

　格付けとは専門会社が企業の財務状況を分析し，債務の返済能力を簡単な記号（AAAなど）で示したものです。格付会社にはいくつかありますが，ムーディーズやスタンダード＆プアーズが有名です。

　格付けは債務の返済能力を示したものであるため，投資した際の安全性の指標になるものです。したがって，格付けランクの高い会社が必ずしも成長性の高い企業であるとは限りません。

3 インサイダー取引

　インサイダー取引とは大口株主や会社関係者などが特別な立場を利用して会社の内部情報を知り，この情報の公表前に株式の売買取引を行うことです。このようなことは一般投資家との不公平が生じるため金融商品取引法で禁止されています。投資決定・実行に当たってはインサイダー取引に該当しないか十分な注意が必要です。インサイダー取引に違反した場合は，5年以下の懲役もしくは500万円以下の罰金が科せられることとなっています。

　インサイダー取引を防ぐためのポイントは次の通りです。

① 投資の意思決定に株式投資をする関係者が含まれていないかどうか。

　ここでいう関係者とはその会社の会社役員，従業員，退職後1年以内の元従業員などに加えて帳簿閲覧権を持っている株主や法令に基づく権限を持っている人，またその会社と契約を締結している人も含まれます。

② 公表されていない情報をもとに投資の意思決定をしていないかどうか。

　インサイダー取引に該当する情報とは，業績の変化に関する情報，災害等の被害の情報，株式の異動の情報，M&Aや業務提携に関する情報などが代表的なものとしてあげられます。投資対象の株式会社の内部関係者が関与する意思決定でない場合でも，情報の提供を受けた場合には処罰の対象となります。公表されていない情報を投資判断としている場合には，情報の公表から12時間以上経過してから売買を行う必要があります。

有価証券管理―有価証券運用

〔有価証券中期運用購入準備フロー〕

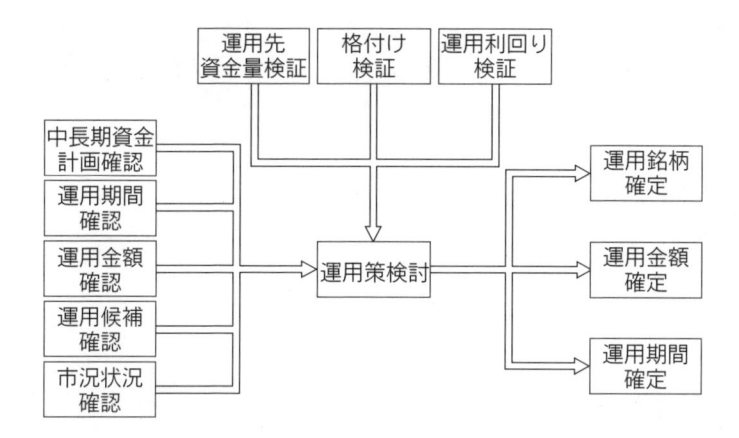

```
                    運用先        格付け      運用利回り
                 資金量検証      検証         検証

中長期資金
計画確認
                                                          運用銘柄
運用期間                                                    確定
確認
                              運用策検討                  運用金額
運用金額                                                    確定
確認
                                                          運用期間
運用候補                                                    確定
確認

市況状況
確認
```

〔有価証券短期運用購入準備フロー〕

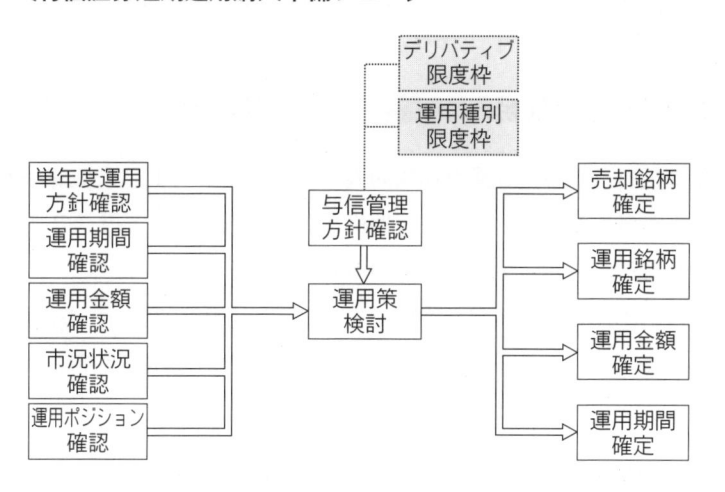

```
                              デリバティブ
                              限度枠

                              運用種別
                              限度枠

単年度運用                                                売却銘柄
方針確認          与信管理                                  確定
                 方針確認
運用期間                                                    運用銘柄
確認                                                       確定
                  運用策
運用金額            検討                                    運用金額
確認                                                       確定

市況状況                                                    運用期間
確認                                                       確定

運用ポジション
確認
```

有価証券管理　3.2　投　　　資

　有価証券投資を行うにあたっては，社内において投資計画策定，分析，投資判断を迅速に行える仕組みを作っておくことが非常に大切です。

　ここでは投資の概要について学習します。

重要ポイント！
1．投資判断を行う体制を作ることは大変重要です。
2．分散投資による資産構成をポートフォリオと呼びます。
3．投資の参考となる指標で主要なものを確認します。

1　投資判断を行う仕組み

　有価証券の投資は，投資金額も比較的大きく，かつタイミングの良い売買を行うことが多く要求されるという性格から，社内において投資の判断を迅速に行える体制を作っておく必要があります。

　具体的には，①投資計画策定，②投資先の選定，評価，③決定・実行，④管理がありますが，それぞれについて担当者を置き，責任を明確にすることがスピーディーな実行につながります。

2　ポートフォリオ

　投資を行う場合には目的を明確に定める必要があります。具体的にはどの程度の収益を期待し，どの程度のリスクを許容できるかという点です。

有価証券管理—投資

一般的には有価証券投資を行う際には，個別銘柄に対して集中投資し，収益を期待することはほとんど行われません。個別の金融資産に投資するリスクを回避し安定した収益を獲得する必要があるため，収益とリスクの分散を図ることを目的として分散投資を行うのが一般的です。この分散投資による資産構成をポートフォリオと呼びます。

3 投資指標

投資を決定する際の参考指標としては次のものがあります。

収益性を示すものとしてROE（株主資本利益率），ROA（総資本利益率），EPS（1株当たり利益）などがあります。また安全性を示すものとして自己資本比率や有利子負債比率，株価が割安か割高か判断する指標としてPER（株価収益率）やPBR（株価純資産倍率）があります。

〔有価証券投資可否検証フロー〕

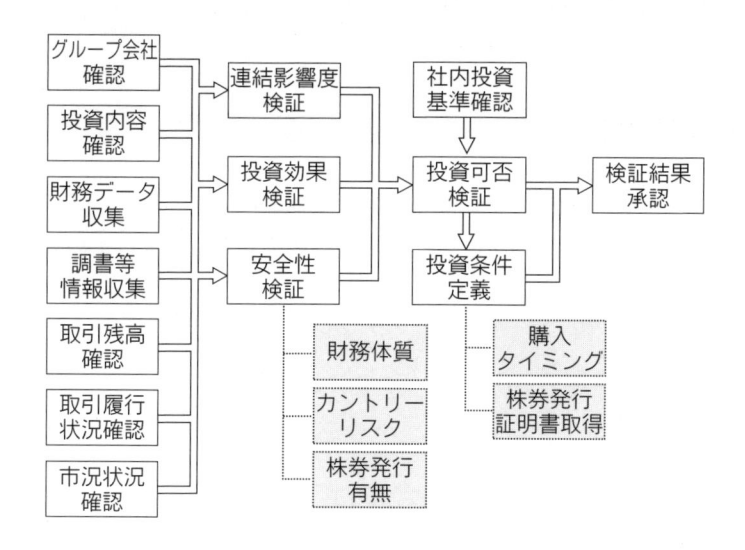

有価証券管理 > **3.3　有価証券評価**

　有価証券は決算時に取得目的や属性による区分に応じて取るべき評価方法が異なっています。ここでは各区分の内容や，各区分においての評価方法について学習します。会計上と税務上は区分や評価方法に相違があるので注意が必要です。

> **重要ポイント！**
> 1. 有価証券の区分とその内容について確認します。
> 2. 会計上の評価の取り扱いについて確認します。
> 3. 税務上の評価の取り扱いについて確認します。
> 4. 回復する可能性が認められない時価の著しい下落があった場合には減損の取り扱いがあります。

1　有価証券の区分

　有価証券はその目的や属性によりいくつかの区分に分けられています。この分類により，会計処理の方法や財務諸表への表示がそれぞれ定められています。

〔有価証券の会計上の分類〕

1	売買目的有価証券	短期間の価格変動により利益を得ることを目的として保有する有価証券のことをいい，いわゆるトレーディング目的の有価証券を指します。
2	満期保有目的の債券	満期まで保有することを意図して保有する社債その他の債券
3	子会社株式及び関連会社株式	子会社株式や関連会社の株式
4	その他有価証券	上記1～3以外の有価証券が該当します。例えば長期的な時価の変動で利益を得ようとする目的のものや業務提携の目的で所有するものがあります。

2 会計上の評価の取り扱い

　有価証券の会計上の評価はそれぞれの区分に応じて次のように決められています。

① 売買目的有価証券

　売買目的の有価証券は，事業年度終了の日における取引価格によって評価を行います。帳簿価格と時価との差額は当期の損益として処理をします。

② 満期保有目的の債券

　満期保有目的の債券は原則として取得原価をもって期末の評価額とします。ただし，債券を額面金額よりも低い価額若しくは高い価額で取得した場合において，その差額の金額が金利の調整と認められるときは，償却原価法により評価します。償却原価法の具体例として，額面100円の債券（5年償還）を95円で購入した場合には，その差額の5円を償還期間の5年にわたって，年間1円ずつを当初の帳簿価額の95円に加算し

ていくこととなります。

〔発行価額と額面金額が同じ場合〕

発行価額 100	貸借対照表計上額 100	貸借対照表計上額 100	貸借対照表計上額 100	貸借対照表計上額 100	額面金額 100
購入時の支払金額	←	同　額		→	満期償還時の受取金額
2010年度末	2011年度末	2012年度末	2013年度末	2014年度末	2015年度末

〔発行価額と額面金額が異なる場合〕

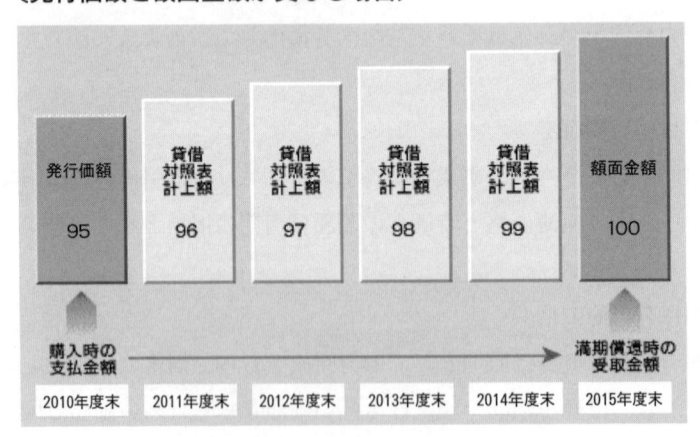

発行価額 95	貸借対照表計上額 96	貸借対照表計上額 97	貸借対照表計上額 98	貸借対照表計上額 99	額面金額 100
購入時の支払金額				→	満期償還時の受取金額
2010年度末	2011年度末	2012年度末	2013年度末	2014年度末	2015年度末

③　子会社株式及び関連会社株式

　子会社株式及び関連会社株式は事業投資と同様に考え，取得価額により評価（原価基準）を行います。したがって，子会社が上場しており決算時の価額が変動したとしても，財務活動の成果とは認識せずに取得価額により評価することとなります。

④　その他有価証券

　その他有価証券の評価は時価により評価を行います。

3　税務上の評価の取り扱い

　税務では有価証券を売買目的有価証券と満期保有目的等有価証券に分け，これ以外のものをその他有価証券としています。会計と税務は有価証券の区分が若干異なります。

①　売買目的有価証券

　税務上売買目的有価証券の評価は，会計と同じく時価法により評価した金額により行われます。

②　満期保有目的等有価証券

　会計と同じように償却原価法に基づく原価法の評価を行います。

③　その他有価証券

　原価法による評価を行います。したがって，その他有価証券の評価について，会計上は時価評価の対象になっているのに対して，税務上は原価評価であるという点が大きな相違点になります。

4　有価証券の減損処理

　減損処理とは，回復する可能性が認められない時価の著しい下落があった場合，時価をもって貸借対照表価額とし，その差額を当期の損失として取り扱う会計処理方法をいいます。これは会計上，税務上それぞれ取扱い

が多少異なり，その判断基準が決められています。

　また，売買目的有価証券は毎決算時に必ず時価評価が行われ損益に反映されるため減損の対象とはなりません。

> **ステップアップ：売買目的有価証券について**
> 　一般に売買目的有価証券とされるためには，有価証券の売買が業とされていることが定款の上からも明らかであり，かつトレーディング業務を日常的に遂行しうる人材から構成された独立部門によって管理・運用されることが望ましいとされています。

有価証券管理　3.4　有価証券残高管理

企業はさまざまな目的の下，有価証券を購入することがあります。

有価証券はその目的や属性により区分されます。ここでは有価証券の取得と残高管理について学習します。

> **重要ポイント！**
> 1. 有価証券の1単位当たりの帳簿価額は，移動平均法又は総平均法により計算します。
> 2. 有価証券台帳を作成し，残高の管理を行います。

1 有価証券の取得

有価証券を取得する場合には担当者が稟議書を作成します。その稟議書には取得目的が短期の運用目的であるのか，中長期に及ぶものなのか等を記載し，投資対象の有価証券の利回りや格付けなどの資料を添付するようにします。この稟議が認められた後に有価証券の取得，決済が行われます。

有価証券を取得した場合の経理処理は，購入金額に手数料等の付随費用を加算した金額をもって取得価額とします。取得の原因が贈与，交換による場合には時価をもって取得価額を認識します。また，有価証券の1単位当たりの帳簿価額は，移動平均法若しくは総平均法により計算します。

> **用語の意味：総平均法と移動平均法**
>
> ・総平均法
>
> 　総平均法は同一の銘柄ごとに，期首の取得価額の合計額と期中に取得した取得価額の合計額を総数量で除して平均単価を計算する方法です。この方法は期末にならないと平均単価を計算できない欠点があります。
>
> $$平均単価 = \frac{期首取得価額の合計額 + 期中取得価額の合計額}{期首数量 + 期中取得数量}$$
>
> ・移動平均法
>
> 　移動平均法は同一銘柄を取得するごとに，その取得価額と残高金額を合計し，取得数量と残高数量の合計で除して新しい平均単価を計算する方法です。

2　有価証券の残高管理

　有価証券は，所有する銘柄ごとに取得価額や所有数を登録する有価証券台帳の作成を行い管理することとなります。

　有価証券は証券会社等の外部に管理を委託している場合と自社内で管理をしている場合があります。自社内で保管しているものについては現金と同じように定期的に実査を行います。有価証券台帳に記載している所有数と実査の結果と残高を照合し，一致していることを確かめなくてはなりません。

有価証券管理―有価証券残高管理

〔有価証券台帳管理フロー〕

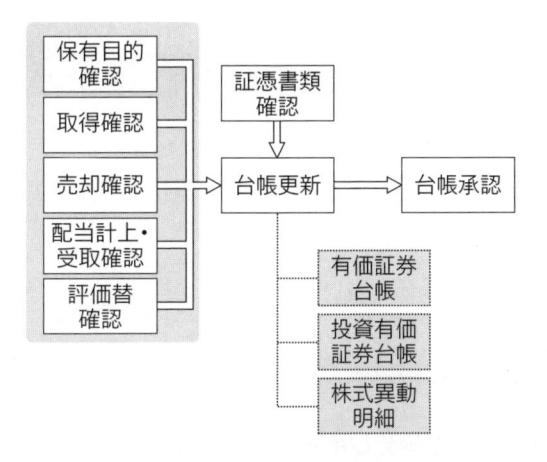

```
┌─────────┐
│ 保有目的 │
│   確認   │        ┌─────────┐
├─────────┤        │ 証憑書類 │
│ 取得確認 │        │   確認   │
├─────────┤        └────┬────┘
│ 売却確認 │────┐        ↓
├─────────┤    └──→┌─────────┐    ┌─────────┐
│配当計上・│        │ 台帳更新 │──→│ 台帳承認 │
│ 受取確認 │        └────┬────┘    └─────────┘
├─────────┤              │
│ 評価替   │              │    ┌─────────┐
│   確認   │              ├───→│ 有価証券 │
└─────────┘              │    │   台帳   │
                          │    ├─────────┤
                          ├───→│ 投資有価 │
                          │    │ 証券台帳 │
                          │    ├─────────┤
                          └───→│ 株式異動 │
                               │   明細   │
                               └─────────┘
```

資金

債務保証管理　4.1　グループ向債務保証

　特定の企業が負担または将来負担する債務について，第三者（保証人）が支払を保証することを債務保証といいます。

　ここでは，グループ向けの債務保証について学習します。

重要ポイント！
1. 債務保証の一連の流れを確認します。
2. 偶発債務を把握する仕組み作りが非常に大切です。
3. 債務保証の使用状況は債務保証台帳を作成することで把握します。

1　債務保証の流れ

グループ向けに債務保証を行う場合の流れは以下の通りになります。

① 保証枠の申請

　グループ会社から申請のあがってきた債務保証枠の内容の確認・検証を行います。主な確認・検証項目として，申請保証枠額・保証条件・保証の種類・債務保証料の有無・連結決算への影響度等があります。

② 保証枠の更新申請

　申請された債務保証枠の更新内容を確認・検証を行います。主な確認・検証項目として，既存の保証条件・保証内容・連結決算への影響度等があります。

③　債務保証契約の締結

債務保証契約内容を検証し，債務保証契約を締結します。検証項目として，申請内容・保証枠・保証期間・保証料率・その他の条件があります。

2　偶発債務を把握する仕組み作り

債務保証等の偶発債務については，事実関係のすべてを把握することが重要になり，そのための仕組み作りが大事になってきます。仕組み作りのポイントとして，主に以下のものがあります。

①　社内規定等で偶発債務の定義や例示等を明確化する。
②　取締役会の決議事項に偶発債務に関する事項を取り入れ，経営陣に情報が行き渡るようにする。
③　経理部門は決算期ごとに偶発債務にかかわる情報を入手し，必要に応じて各部門からの報告を求める。

3　債務保証の残高管理

債務保証の使用状況等の残高管理を行うため債務保証台帳を作成します。また，債務保証契約で債務保証料の設定がされている場合も合わせて台帳上で管理を行います。

> **ステップアップ：偶発債務**
>
> 　現時点では債務ではないが，一定の事由を条件として，将来債務となる可能性がある債務のことを偶発債務といいます。債務保証のほか，係争事件に係る賠償責任や手形の裏書譲渡による手形の不渡り・先物売買契約などがあります。

資金

債務保証管理　　4.2　連帯保証・債務保証

　保証人が主たる債務者と連帯して債務を保証することを連帯保証といいます。ここでは連帯保証及び債務保証の会計処理について学習します。

> **重要ポイント！**
> 1．連帯保証と保証の違いを確認します。
> 2．損失発生の可能性により債務保証の会計処理が変わります。

1　連帯保証と保証の違い

　連帯保証と単なる保証の主な違いは，連帯保証には「催告の抗弁権」・「検索の抗弁権」・「分別の利益」を持たないことです。したがって，債権者が債務者の支払能力の有無にかかわらず，いきなり請求をしてきた場合にもそれを拒むことはできませんし，強制執行を拒むことはできません。
　連帯保証は保証の一種でありますが，主たる債務者と同様の弁済の義務を負うため，より重い責任を負うといえます。

- 催告の抗弁権：主たる債務者に弁済の請求をすることを主張する権利
- 検索の抗弁権：主たる債務者から先に強制執行をすることを主張する権利
- 分別の利益：保証人が複数いる場合，各保証人は保証人の頭割り分だけの責任を負うこと

2 債務保証の会計上の処理

債務保証の会計上の処理に関しては，損失発生の可能性により変わってきます。

損失発生の可能性	必要な会計処理・注記等
低い場合	貸借対照表への債務保証の金額の注記
中程度の場合	貸借対照表への債務保証の金額の注記 追加情報として注記 ・損失の発生の可能性がある程度予想される旨 ・主たる債務者の財政状態
高い場合	＜金額の合理的見積りが可能な場合＞ 　債務保証損失引当金を計上する 　［仕訳］ 　　債務保証引当金繰入額／債務保証損失引当金 ＜金額の合理的見積りが不可能な場合＞ 　追加情報として注記 　　・損失の発生の可能性が高いが損失金額の見積りが不可能である旨 　　・主たる債務者の財政状態

貸付金管理 > 5.1 融資・グループ向融資

　企業活動を行う上で，取引先との関係や取引を継続するために融資を行うことがあります。ここではグループ向融資も含めた融資の流れについて学習します。

> **重要ポイント！**
> 1．融資前の企業調査の実施は貸付金額を確実に回収するために大変重要です。
> 2．貸付けを実行する際には必要事項が記載された契約書の作成を行う必要があります。
> 3．グループ内の融資の場合プロセスの簡素化を通じて資金効率を高めることが重要です。

1 企業調査の実施

　行った融資がきちんと回収できなかった場合，予定していた利益が得られないだけでなく，貸付金額及びそれに付随するコストが損失となり，会社の収支が悪化し，経営危機に陥る恐れがあります。

　そのような事態を防ぐために，融資先の企業調査が必要になります。

　企業調査の主なポイントとして以下の点が挙げられます。

① 企業の財政状態・経営成績
② 事業内容の変遷

③　企業の将来性

また，融資の可否判定の視点としては，安全性や収益性の検証（融資の使途・債権保全・融資利息の妥当性等）が挙げられます。

2　契約書作成上の留意点

融資の実施に際し，契約書の作成を行います。契約書の作成は金銭消費貸借契約に基づいて作成します。

契約書に記載する事項としては主に以下の項目になります。

① 貸付金額
② 返済方法
③ 利率
④ 利息の支払方法
⑤ 貸付期間
⑥ 債務不履行（履行遅滞）時の特約事項
　　例）遅延損害金の規定
　　　　期限の利益喪失の特約

3　グループ会社への融資に関して

基本的な融資の判断は外部への融資と同様ですが，グループ会社相互間の相乗効果をもたらすためには，融資枠内の場合は内部の検証・承認プロセスをある程度簡素化し，効率性を高め，機動性を確保する必要があります。グループ全体としての資金効率を高めることが大切です。

〔グループ外融資　決定までのフロー〕

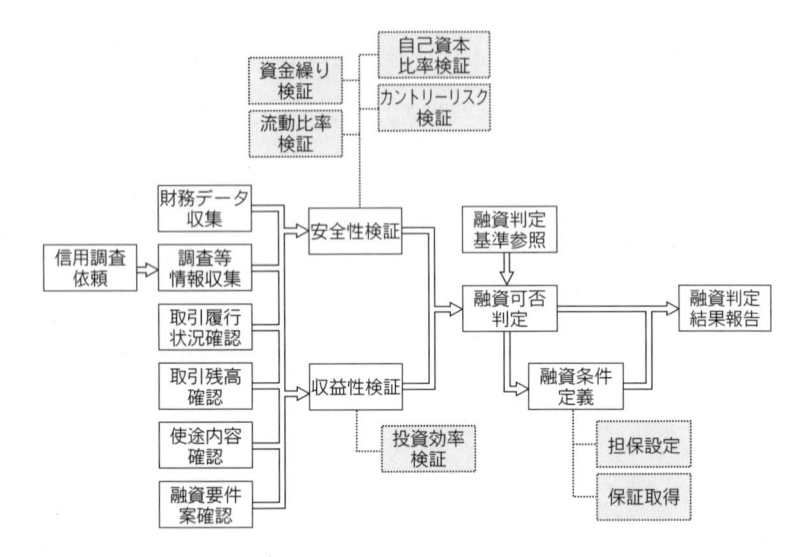

```
                          ┌─────────┐  ┌─────────┐
                          │資金繰り │  │自己資本 │
                          │ 検証    │  │比率検証 │
                          └────┬────┘  ├─────────┤
                          ┌─────────┐  │カントリーリスク│
                          │流動比率 │  │ 検証    │
                          │ 検証    │  └─────────┘
                          └────┬────┘       │
                               │            │
              ┌─────────┐      ▼            ▼        ┌─────────┐
              │財務データ│   ┌─────────┐   ┌─────────┐
              │ 収集    │──▶│安全性検証│──▶│融資判定 │
              └─────────┘   └─────────┘   │基準参照 │
┌─────────┐  ┌─────────┐                  └────┬────┘      ┌─────────┐
│信用調査 │─▶│調査等   │                       ▼           │融資判定 │
│ 依頼    │  │情報収集 │                  ┌─────────┐     │結果報告 │
└─────────┘  └─────────┘                  │融資可否 │───▶ └─────────┘
             ┌─────────┐                  │ 判定    │
             │取引履行 │                  └────┬────┘
             │状況確認 │                       ▼
             └─────────┘                  ┌─────────┐
             ┌─────────┐  ┌─────────┐    │融資条件 │
             │取引残高 │─▶│収益性検証│──▶│ 定義    │    ┌─────────┐
             │ 確認    │  └─────────┘    └────┬────┘───▶│担保設定 │
             └─────────┘       │                         └─────────┘
             ┌─────────┐  ┌─────────┐                   ┌─────────┐
             │使途内容 │  │投資効率 │                   │保証取得 │
             │ 確認    │  │ 検証    │                   └─────────┘
             └─────────┘  └─────────┘
             ┌─────────┐
             │融資要件 │
             │案確認   │
             └─────────┘
```

　グループ外への融資の決定に際しては，収集したデータ等をもとに，安全性・収益性を検証し，融資を行う場合には，融資条件を設定することになります。

貸付金管理―融資・グループ向融資

〔グループ内融資　決定までのフロー〕

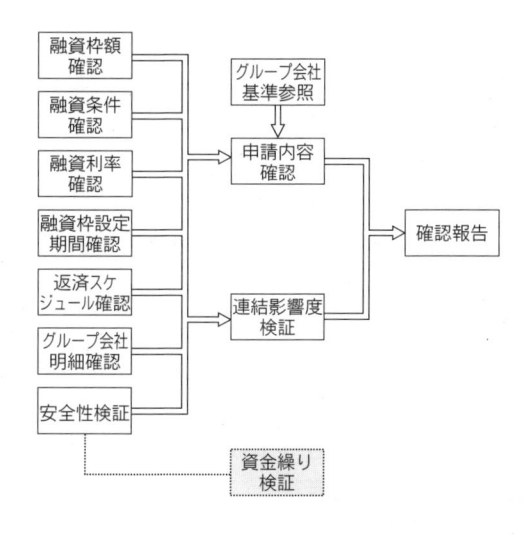

```
融資枠額         グループ会社
確認　─┐        基準参照
        │          ↓
融資条件 │    ┌─申請内容
確認　─┤    │  確認　─┐
        ├──→┤          │
融資利率 │    │          ├→ 確認報告
確認　─┤    │          │
        │    │          │
融資枠設定│   └─連結影響度
期間確認─┤      検証　─┘
        │      ↑
返済スケ │      │
ジュール確認┤  │
        ├──→┘
グループ会社│
明細確認─┤
        │
安全性検証─┘
    ┊
    ┊        資金繰り
    └┄┄┄┄→ 検証
```

　グループ外への融資のフローと比較して，検証項目・内容が簡素化されていることが，確認できます。

資金

貸付金管理　5.2　融資残高管理・融資条件見直し

　行われた融資に対し，返済がきちんと行われているかどうか，また，融資先の状況に変化はないか等，融資後の管理が大切になります。
　ここでは融資残高の管理及び融資条件の見直しについて学習します。

重要ポイント！
1. 融資後は返済が確実に行われているかどうか確認するため，残高管理が重要になります。
2. 融資後も継続して条件の見直しを行うことが与信管理を行う上で大切です。

1　残高管理

　融資を行った後は，契約書に基づいた元金及び利息の返済がきちんと行われているかを確認することが大切になります。また，貸付金も売掛金や未収金等と同様，相手先ごとの残高の管理も必要になります。具体的な管理方法として，融資契約書をもとに融資台帳を作成し，それを用いて残高管理を行います。

　　○　融資台帳作成の目的
　　　・融資内容の把握
　　　・返済予定の把握
　　　・返済状況・貸付残高の把握

貸付金管理―融資残高管理・融資条件見直し

また，元本返済や利息の回収に遅延や延滞が生じた場合には以下のような対応をする必要があります。

○　回収の遅延・延滞時の対応
・返済が滞っている場合は事実の確認を行う。
・取引先の財務データや取引の履行状況を確認する。
・関係部門に報告し，対応策を検討する。

＜融資台帳＞

融資先名　：　株式会社△△商店

融資日	○年1月15日	融資額	1,000,000
融資利率	5.00%	返済条件	毎月月末支払い

返済日	返済額	元本	利息	返済後残高	備考
○年1月31日	105,000	100,000	5,000	900,000	
○年10月31日	100,000	100,000	0	0	
合計	1,050,000	1,000,000	50,000		

2　融資条件の見直し

融資先の業況・返済状況によっては融資条件を変更する場合があります。融資先の財務データ・返済状況・取引残高等を確認し，融資の安全性を分析した上で，融資条件の変更を行います。これはグループ内融資の場合も同様です。

資金

〔返済の遅延・延滞時の業務フロー〕

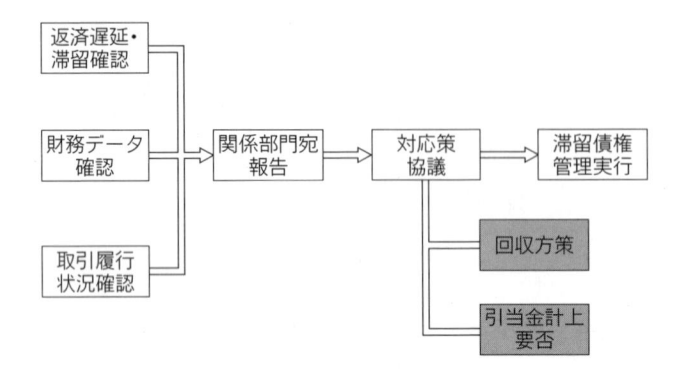

```
返済遅延・
滞留確認
                  
財務データ  → 関係部門宛 → 対応策  → 滞留債権
確認          報告        協議     管理実行
                                    ├─ 回収方策
取引履行                             
状況確認                             └─ 引当金計上
                                       要否
```

　融資に関しても，売掛金等と同様に回収の遅延や延滞の発生が起きた時には，迅速な対応が必要になります。

借入金管理 > 6.1 借入実施

資金調達には，金融機関などから調達する間接金融と株式や社債の発行で調達する直接金融があります。ここでは企業が資金調達を行う上で代表的なものである金融機関からの借入金の実施について学習します。

> **重要ポイント！**
> 1. 借入を行う際は借入先・金額・期間・利率等の検討を充分に行います。
> 2. 借入形態は大別すると，手形借入・証書借入・当座借越・手形割引の4つに分けられます。

1 借入手続きの流れ

金融機関への借入手続きの流れは以下のようになります。

① 借入の検討・申し込み

借入先・借入金額・借入期間・借入利率・資金使途等を検討し，借入の申し込みを行います。金融機関によって借入条件が違ってくるので充分な検討が必要です。なお，申込みの際には金融機関に指定された必要書類も添付します。

② 金融機関の審査

金融機関では会社の提出した資料を検討し，融資を行うかどうかを決定します。審査は支店内で決裁されるものと，本店で決裁されるものの

2つに分けられます。

③　借入契約の締結

　　金融機関の審査を経て，融資を受けるにあたり借入契約を行います。

④　借入の実行

　　融資が実行されますと，会社の指定した口座へ融資資金が入金されます。

⑤　借入の返済

　　契約に基づき，元金及び利息の返済を行います。

2　借入形態の種類

借入の形態は大別すると4つに分けられます。
① 　手 形 借 入：借り入れる側が銀行宛の約束手形を発行し，銀行から借入を行う方法。通常借入期間が1年以内である短期借入金に用いられます。
② 　証 書 借 入：金銭消費貸借契約書を作成し，借入を行う方法。通常借入期間が1年以上のいわゆる長期借入金に用いられます。
③ 　当 座 借 越：当座預金の取引先に対し，あらかじめ約定した一定の限度額および期間の範囲内であれば，いつでも当座預金残高を超えて振り出された小切手の支払を認める貸付けの方法。

※貸付側から見ると上記の区分はそれぞれ，手形貸付・証書貸付・当座貸越となります。
④ 　手 形 割 引：受取手形を期日前に金融機関等に裏書譲渡し，支払期日までの金利相当分を差し引いた金額を受け取る方法。

借入金管理―借入実施

〔借入検討時のフロー〕

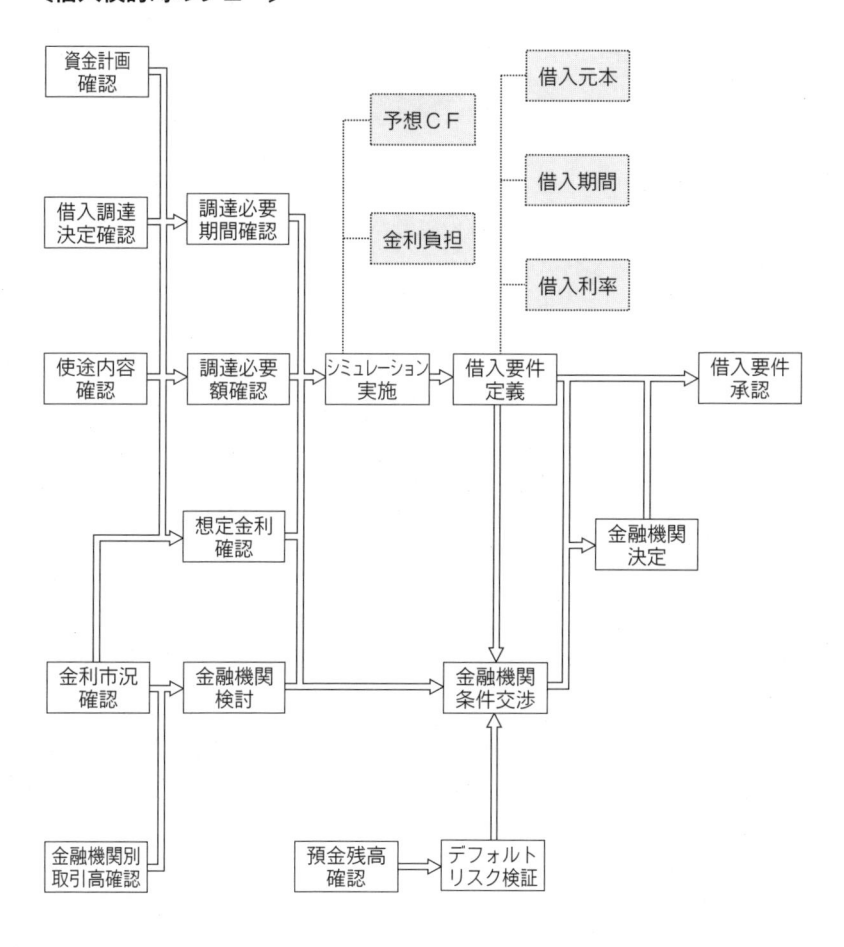

```
資金計画
確認
                                    借入元本
                         予想CF
                                    借入期間
借入調達        調達必要
決定確認        期間確認
                         金利負担
                                    借入利率

使途内容        調達必要      シミュレーション    借入要件             借入要件
確認          額確認       実施         定義               承認

                         想定金利                      金融機関
                         確認                         決定

金利市況        金融機関                  金融機関
確認          検討                    条件交渉

金融機関別                預金残高      デフォルト
取引高確認               確認         リスク検証
```

資金

借入金管理 > 6.2 借入残高管理

　企業は用途や条件により，複数の金融機関から複数の借入を行いますが，残高管理や資金繰りを行うためには，借入金や支払利息の一元的管理が重要になります。ここでは借入金の残高管理について学習します。

重要ポイント！
1．借入金の管理は借入金台帳を使って行います。
2．決算時には残高証明書を入手し，残高照合を行います。
3．借入利率は様々な要因によって決定されます。

1 借入金台帳の作成

　借入金や支払利息の管理を行うために「借入金台帳」の作成を行います。借入金台帳は，借入契約書や金融機関から送付される返済予定表や利息計算書等をもとに，借入先ごとに作成します。

〔借入金台帳作成のポイント〕

作成目的	・借入先ごとの残高把握 ・返済日別の返済金額（元本・利息）の把握
主な管理項目	借入先・借入日・借入期間・借入金額・借入利率・返済日・返済金額・借入残高　等
作成・運営上の留意点	・返済や条件変更（利率等）の都度，更新を行う ・定期的に元帳との照合を行う

2 その他の留意点

管理上のその他の留意事項として以下の点が挙げられます。
① 決算に当たっては，金融機関から残高証明書を入手し，残高の照合を行います。
② 担保が設定されている借入金の場合には，返済終了後，担保の抹消を依頼する必要があります。

3 借入利率の決定要素

金融機関が貸出を行う際の基準金利として以下のものがあります。
① プライムレート
　金融機関が企業に対して融資する際に，最も信用度の高い企業に対する最優遇貸出金利のこと。
② 短期プライムレート（短プラ）
　貸出期間が短期（1年以内）の貸出に対して適用する最優遇金利のことであり，公定歩合と譲渡性預金（CD）等の短期金融市場の取引に影響を受ける。現在では，新短期プライムレート（新短プラ）と呼ばれている。
③ 長期プライムレート（長プラ）
　貸出期間が長期（1年以上）の貸出に対して適用する最優遇金利のことであり，5年もの，10年ものの利付金融債の利回りに影響を受ける。

借入利率は，これらの各プライムレートをもとに企業の規模・取引の内容・企業の業績・市場金利・借入期間・借入形態等様々な要因によって決定されます。

〔借入金残高管理フロー〕

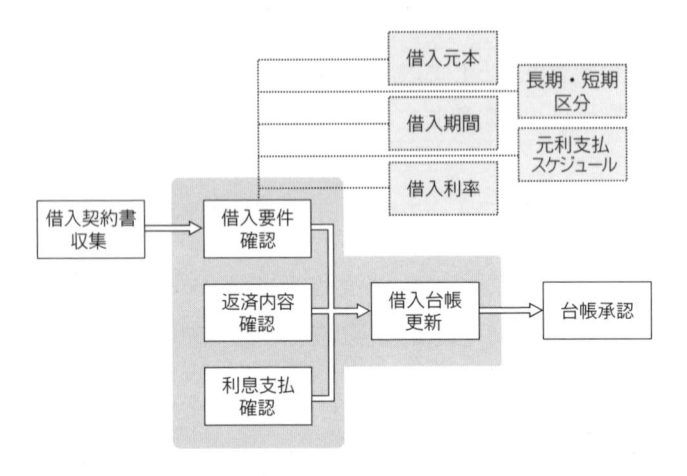

```
                         ┌─────────┐   ┌───────┐
                    ┌────│ 借入元本 │   │長期・短期│
                    │    └─────────┘   │ 区分  │
                    │    ┌─────────┐   ├───────┤
                    ├────│ 借入期間 │   │元利支払│
                    │    └─────────┘   │スケジュール│
                    │    ┌─────────┐   └───────┘
                    ├────│ 借入利率 │
┌───────┐  ┌───────┐│    └─────────┘
│借入契約書│→│ 借入要件││
│ 収集  │  │ 確認  ││
└───────┘  └───────┘│
           ┌───────┐│    ┌───────┐    ┌───────┐
           │ 返済内容││───→│借入台帳│───→│台帳承認│
           │ 確認  ││    │ 更新  │    └───────┘
           └───────┘│    └───────┘
           ┌───────┐│
           │ 利息支払││
           │ 確認  ││
           └───────┘
```

<ステップアップ>

資金調達手段のなかで，借入の主な特徴は以下の通りです。

<長所>

① 比較的手続きが簡単でかつ迅速な調達が可能

② 金融機関との関係が良好な場合は不況時でも融資が可能

③ 利息は損金算入される

<短所>

① 特定の金融機関に大半を依存している場合はその金融機関の方針に影響を受ける（貸し渋り・貸し剥がし）

② 担保が必要な場合がある

社債管理 > 7.1 社債発行

　企業の資金調達手段の1つに社債の発行があります。社債とは主に株式会社が広く一般から長期資金を調達するために発行する債券のことです。ここでは社債の発行について学習します。

> **重要ポイント！**
> 1．社債発行の流れを確認します。
> 2．社債の種類は分類の方法により様々な種類に分けられます。
> 3．社債発行費は繰延処理を行うことがあります。

1 社債発行の流れ

① 発行要件等の検討

　社債の発行にあたり，債券総額・債券の種類・利率・償還価額・利息支払の方法，期限や担保設定等を検討します。

② 取締役会の承認

　社債の発行は取締役会決議事項になりますので，検討内容を取締役会に付議・説明を行い，承認を受けます。

③ 格付けの取得

　格付会社に依頼を行い格付けを取得します。格付けとは，発行体の元利金支払能力を記号や数字を用いて表したもののことです。

④ 管理会社との契約

選定した社債管理会社と契約を締結します。
⑤　社債の発行
社債の発行に伴い，入金になります。

2　社債の種類

社債は分類の仕方により以下のように分けられます。
①　社債の種類による分類
　　○普通社債…転換社債やワラント債ではない普通の社債
　　○新株予約権付社債…株式を一定の条件で取得するための権利である新株予約権を付与された社債のこと
②　発行対象による分類
　　○公募債…市場を通して広く一般投資家を対象とする社債
　　○私募債…公募によらず，特定少数の投資家を対象とする社債で主なものとして，銀行引受私募債と少人数私募債があります。
③　担保の有無による分類
　　○担保付社債…一般担保付社債と物上担保付社債があります。
　　　一般担保付社債
　　　　特別法に基づいて発行され，社債の発行会社の全財産によって優先的に弁済される権利が付されている債券
　　　物上担保付社債
　　　　担保付社債信託法に基づき，債券発行会社が保有する土地，工場，機械設備，船舶などの特定の物的財産に担保が付けられている債券
　　○無担保社債…発行する際，担保が設定されない社債。現在，発行される大部分の社債は無担保社債となります。

3 社債発行費に関して

社債の発行に際し，発生する費用として主に次のものがあります。
○社債発行費とは募集のための広告費用や社債券の印刷費用など，社債発行時に直接要した費用のことをいい，社債発行費は原則として，支出時に費用処理（営業外費用）を行いますが，繰延処理することもできます。

〔社債発行費用に関するフロー〕

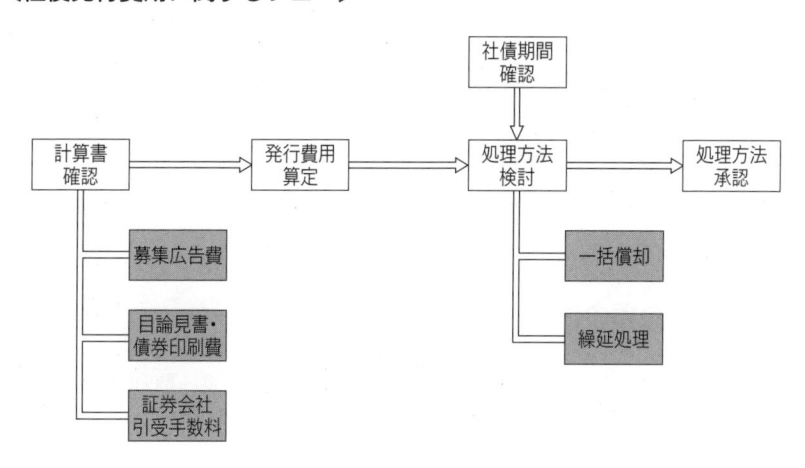

```
                                    ┌─────────┐
                                    │社債期間 │
                                    │ 確認    │
                                    └────┬────┘
                                         ↓
┌──────┐    ┌──────┐    ┌──────┐    ┌──────┐
│計算書│ →  │発行費用│ → │処理方法│ → │処理方法│
│ 確認 │    │ 算定 │    │ 検討 │    │ 承認 │
└──┬───┘    └──────┘    └──┬───┘    └──────┘
   │                        │
   ├─[募集広告費]            ├─[一括償却]
   │                        │
   ├─[目論見書・            └─[繰延処理]
   │  債券印刷費]
   │
   └─[証券会社
      引受手数料]
```

社債管理 > **7.2　社債残高管理**

　社債の発行に伴い，社債の元本及び利息の償還手続きを行う必要があります。ここでは社債の残高管理について学習します。

重要ポイント！
1. 社債の管理は社債台帳を用いて行います。
2. 社債利息支払時には契約内容を確認し，利率・金額に変更がないかを確認します。
3. 元本償還時には，資金繰りに留意する必要があります。

1　社債台帳の作成

　社債契約書に基づき社債要件を確認し，社債残高や社債利息等を社債台帳にて管理をします。社債台帳は社債償還の都度，更新します。

2　社債利息の管理

社債利息に関する手順としては以下のようになります。
　①　利息の算定
　　社債契約書に基づき支払うべき社債利息額を算定します。
　　固定利率で満期一括償還型の社債の場合，支払利息額は一定ですが，変動利率や定期償還型の社債の場合は留意が必要です。

② 支払依頼

社債利息の支払依頼書を作成し，支払依頼を行います。

支払依頼書には，必ず担当部門の担当者印・責任者印を押印します。

③ 支　　払

社債利息の支払を実行します。支払時には出納簿に記帳し出納管理を実施します。

④ 社債台帳の更新

社債利息の支払後，台帳の更新を行います。

3 社債の償還

社債の元本償還に関する手順としては以下のようになります。

① 償還額の確認

社債契約書に基づき償還スケジュール及び償還額を確認します。社債償還額は金額が多額になることがあるため，資金繰りに影響がないよう留意する必要があります。

② 支払依頼

社債償還額の支払依頼書を作成し，支払依頼を行います。

支払依頼書には，必ず担当部門の担当者印・責任者印を押印します。

③ 支　　払

償還額の支払を実施します。

④ 社債台帳の更新

社債元本の支払後，台帳の更新を行います。

<ステップアップ>
資金調達手段のなかで，社債の主な特徴は以下の通りです。
<長所>
　① 満期一括償還型の返済方法が多く，資金繰りに有利
　② 社債権者には議決権は発生しない
　③ 利息は損金算入される
<短所>
　① 社債の発行には一定以上の信用が必要（少人数私募債以外）

デリバティブ取引管理 > **8.1 デリバティブ取引の仕組み**

　将来の損失リスクを避けるためにデリバティブ取引が活用されています。ここではデリバティブ取引の仕組みについて学習します。デリバティブの具体的な取引の内容や利用目的を修得し，金融のテクノロジーを理解しましょう。

> 重要ポイント！
> 1．デリバティブとは金融派生商品のことをいいます。
> 2．デリバティブ取引の種類は，先物・先渡取引，オプション取引，スワップ取引の3つに区分されます。
> 3．デリバティブ取引はヘッジ目的，投機目的，裁定目的という3つのいずれかの目的ために利用されます。

1 デリバティブとは？

　デリバティブとは，一般的に「金融派生商品」と呼ばれていますが，従来からある株式，債券，通貨等の資産から派生したものであるということを意味しています。主として，将来発生する可能性のある損失を回避させるために利用されます。

資金

```
┌─────────┐          ┌──────────┐
│ 原資産   │  派生すると…│ デリバティブ│
│ 株式     │ ────→    │ 先物・先渡 │
│ 債券     │          │ オプション │
│ 預金等   │          │ スワップ   │
└─────────┘          └──────────┘
```

2 デリバティブ取引の種類

デリバティブの取引は大きく下記の3つに分類されます。

① 先物・先渡取引

　将来取引する債券や株式等の取引価格を現時点で予約する取引をいいます。

② オプション取引

　将来一定時点で債券や株式等を買う権利（コールオプション）もしくは売る権利（プットオプション）を売買する取引をいいます。

③ スワップ取引

　資金の支払や受取りを交換する取引をいいます。固定金利と変動金利とを交換する金利スワップなどがあります。

デリバティブ取引管理—デリバティブ取引の仕組み

〔主なデリバティブ取引の種類と分類〕

原資産 \ デリバティブ	先物	先渡	オプション	スワップ
金利	金利先物 債券先物	金利先渡契約	キャップ，フロア，カラー	金利スワップ
為替	通貨先物	通貨先渡契約	通貨オプション	通貨スワップ
株式	株価指数先物		株価指数オプション	

3 デリバティブの利用目的

企業が以下の3つのいずれかの目的を果たすために，デリバティブを活用します。

① ヘッジ目的

ヘッジ目的とは，将来発生する可能性のある損失を減少させることです。

② 投機（スペキュレーション）目的

投機目的とは，将来の利益の獲得を目的として，リスクの高い取引を行うことです。

③ 裁定（アービトラージ）目的

裁定目的とは，市場におけるわずかなずれを利用してさやを抜くことです。

〔デリバティブ取引の利用目的〕

◎ 3つのいずれかの目的のために活用

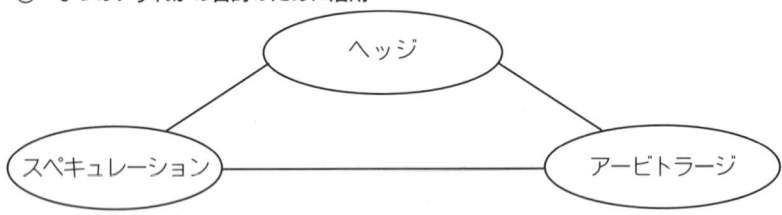

```
          ヘッジ
         /    \
  スペキュレーション ―― アービトラージ
```

〔金利スワップの例〕

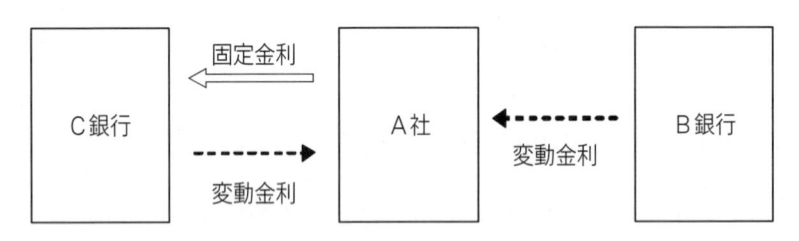

```
            ← 固定金利
  C銀行              A社   ←----- B銀行
            ----→          変動金利
            変動金利
```

> A社はB銀行から1億円の変動金利での借入れを行っておりますが，金利を安定させるため，固定金利に変更したいと考えています。
> そこでC銀行から変動金利を受け取って固定金利を支払うスワップ取引を行うことにより，実質的に固定金利での借入れに変更することが可能になります。

デリバティブ取引管理　8.2　会計・税務処理

ここではデリバティブ取引をした場合の会計・税務処理を学びます。会計処理と税務処理の違いを理解するとともに特例処理としてのヘッジ会計について学習します。

> **重要ポイント！**
> 1．原則として時価評価をします。
> 2．ヘッジ取引の場合は特例処理が認められます。
> 3．税務上の処理方法も会計処理と同じです。

1　時価評価が原則

　デリバティブ取引を行っている場合には，期末時に保有しているデリバティブを時価評価して，評価益または評価損を会計上計上します。この処理は公開している企業ではない，中小企業にも求められます。

　時価評価をするにあたっての時価は，上場しているデリバティブであれば，市場価格に基づく価額が時価となります。非上場のデリバティブの場合は合理的に算定される価額が時価となり，通常は金融機関等が算出した価額を使って評価損益を計上します。

　実際の仕訳のイメージは下記の通りとなります。

〔仕訳イメージ〕

債券のコール・オプションを100万円で購入しましたが，決算期末でそのオプションの評価額は130万円でした。この場合の，購入時・決算時の仕訳は下記の通りとなります。

（購入時）（借方）オプション資産　100万円　（貸方）現　　　金　100万円
（決算時）（借方）オプション資産　 30万円　（貸方）オプション評価益　30万円

購入価額と時価評価額との差額30万円を評価益として計上します。

2 ヘッジ会計

　ヘッジ目的でデリバティブ取引を行う場合に，リスク管理の方針が適切に文書化された上で，取引の結果，デリバティブによってヘッジがされていることが検証された場合は，時価評価を行わずに，評価損益を繰り延べることができます。このように評価損益を繰り延べる処理をヘッジ会計といいます。

〔会計処理〕

（原則）：時価評価
　　　　　評価損益が計上される。
　　　　　中小企業も同様の処理が求められます。
（特例）：ヘッジ会計
　　　　　評価損益は繰り延べられる。
　　　　　リスク管理方針があることが前提。

デリバティブ取引管理―会計・税務処理

3 税務上は帳簿への記載が必要

　税務上の処理も会計上の処理と同様に時価評価をすることが求められますが，ヘッジ会計を適用する場合には税務上は帳簿書類にヘッジ取引であることやヘッジの対象となる資産等をデリバティブ取引が行われた日に記載することが必要です。

〔税務処理〕
原則として会計と同様
ただし，税務上は帳簿への記載が要件

デリバティブ取引管理　8.3　リスク管理方針

　デリバティブ取引を行う場合には，リスク管理方針を策定して，その方針に基づいて運営していくことが重要です。ここでは，リスク管理方針とヘッジの有効性を評価する方法について学習します。

> **重要ポイント！**
> 1．リスク管理方針を明確化します。
> 2．ヘッジの有効性の評価には事前と事後のテストがあります。

1　リスク管理方針の策定

　ヘッジ会計を適用するには，リスク管理方針を明確化することが必要となります。リスク管理方針には，リスクの内容，ヘッジ手段として何を用いるか，ヘッジ手段の有効性の検証方法等を記載する必要があります。

①　リスクの内容

　リスク管理の対象となる内容としては為替変動リスク，金利変動リスク，株式の変動リスクなどがあります。

②　ヘッジ手段

　ヘッジ手段として何を使うかということを文書化します。例えば，借入金の利息に関して，金利スワップといった商品で対応するということです。

③　ヘッジの有効性の検証方法

リスクに対してヘッジ手段が有効的に機能しているかどうかを測定する方法を定めて，定期的に当初定めた有効性を検証する必要があります。

2 ヘッジ有効性の評価方法

ヘッジ取引のヘッジ有効性を評価する際は，事前テストと事後テストの2つのテストを行う必要があります。

① 事前テスト

ヘッジ取引の開始時にリスク管理方針に従っているかどうかを確認します。確認の方法としては，文書化されたものの内容の確認，内部牽制組織（実際にデリバティブ取引を行っている部門の取引内容を独立した他の部門がチェックしているかどうか）が適切に運営されているかどうかの確認といった方法があります。

② 事後テスト

ヘッジ取引開始後に定期的に，有効性の確認を行う必要があります。有効性の確認を行う頻度としては，決算日は必ず行い，加えて少なくとも6か月ごとに行うことが必要です。ヘッジの有効性割合が80％から125％であれば有効であると判断されます。有効性割合の算式は以下のとおりです。

〔ヘッジ有効性にあたっての有効性割合〕

$$\frac{\text{デリバティブ取引の取引時から期末時までの時価の変動による利益または損失額}}{\text{ヘッジ対象のデリバティブ取引の取引時から期末時までの時価の変動による利益または損失額}}$$

〔リスク管理を徹底する！〕

リスク管理方針の策定

リスクの内容，ヘッジの手段，ヘッジの有効性の検証方法

⇩

ヘッジ有効性の評価

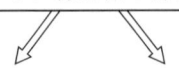

↙　↘

事前テスト　事後テスト

⇩　⇩

ヘッジ会計の適用

外貨建取引管理　9.1　外貨建取引の概要

　ここでは外貨建取引を理解するために必要な基本的な用語について学習します。為替レートの定義やデリバティブとしての為替予約について理解をすることが，経理処理をする際に役立ちます。

> 重要ポイント！
> 1．日本円以外での取引が外貨建取引です。
> 2．為替レートは売相場と買相場があります。
> 3．為替予約をして為替リスクをヘッジできます。

1　外貨建取引とは？

　外貨建取引とは，日本円（「邦貨」と呼ばれます）以外の通貨（「外貨」と呼ばれます）で表示される取引をいいます。
　例えば，海外に商品を輸出してアメリカドルで販売した取引は，外国通貨での取引になりますので，外貨建取引となります。

2　為替レートの種類

　為替相場には，受け渡しの時期の違いによって直物相場と先物相場とがあります。
　直物相場とは，外国為替の取引が成立後，2営業日以内に受け渡しがなされるものをいい，先物相場とは，3営業日以降に受け渡しがなされるも

資金

のをいいます。直物相場での為替レートをスポット・レート，先物相場での為替レートをフォワード・レートと呼びます。

　また，経理上，為替換算をする場合に，為替レートに外貨額を乗じますが，その場合の為替レートはTTM（対顧客直物電信売買相場の仲値）を適用します。ただし，継続適用を条件として，収入及び債権については，TTB（対顧客直物電信買相場）を，費用及び債務についてはTTS（対顧客直物電信売相場）を適用することができます。

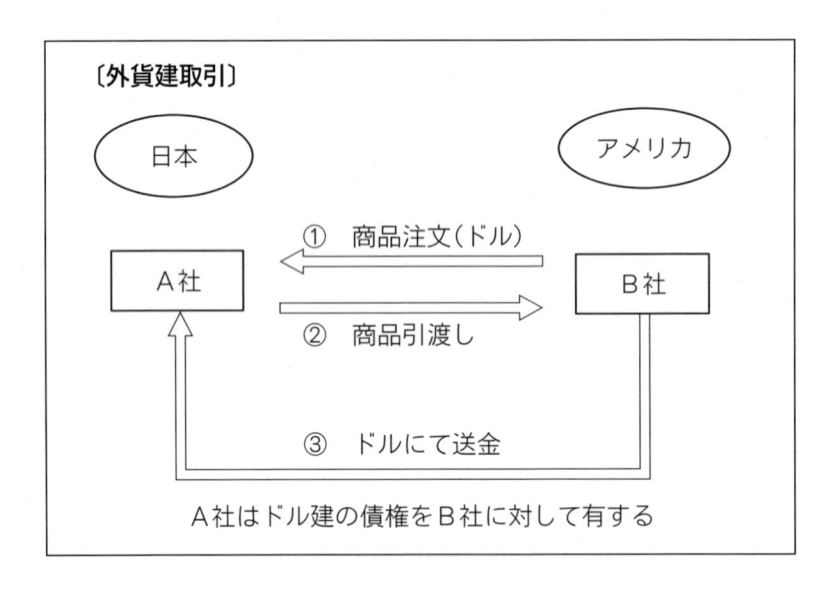

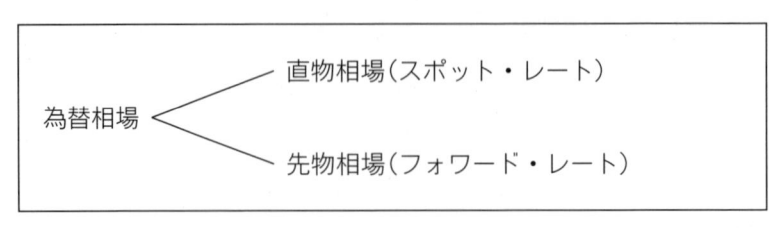

〔外貨建取引〕

日本　　　　　　　　　　アメリカ

A社　①商品注文（ドル）　B社
　　　②商品引渡し
　　　③ドルにて送金

A社はドル建の債権をB社に対して有する

為替相場
├ 直物相場（スポット・レート）
└ 先物相場（フォワード・レート）

外貨建取引管理―外貨建取引の概要

```
               ┌─ TTB ⇐ 収入，債権に適用可能
為替レート ⇐ ─┼─ TTM ⇐ 原則適用
               └─ TTS ⇐ 費用，債務に適用可能
```

3 為替予約

　外貨建で商品を輸出している企業の場合，債権は外貨となりますので，将来円高になると入金する日本円の価値が目減りします。そのようなときに，為替予約の契約を締結することで為替リスクを回避することができます。

　為替予約とは，将来の一定時点における外国為替の売買を予約する契約です。例えば，3か月後に10,000ドルを120円／ドルで売ることを銀行と契約した場合，それを売予約といい，逆の場合は，買予約といいます。上記の外貨建で商品輸出をしている企業の場合は，売予約をすることによって，為替リスクの回避を図れます。

〔為替予約でリスクヘッジを！〕

　1ドル100円の現在，10,000ドルで輸出取引を行った。
会社の担当者の予想では円高が進行し，入金予定時には80円／ドルになる

　→ こんなときに為替予約

1ドル95円で売予約をしたら，80円／ドルで入金するときと比べて15円／ドル×10,000ドル＝150,000円お得！（ただし，円安になったらその分の為替差益は受け取れません）

資金

外貨建取引管理　9.2　会計処理

　ここでは外貨建取引をした場合の会計処理を学びます。取引に伴う為替換算レートの適用を学習するとともに，評価方法について修得します。また，為替予約の時価評価についても学びます。

重要ポイント！
1．外貨建取引の発生時と決算時にどのようなレートで換算するかを区分把握することが重要です。
2．為替予約は期末時に時価評価をします。
3．為替予約の会計処理に振当処理が特例として認められています。

1　外貨換算レートに何を使うか

　外貨建取引が行われた場合に，どのようなレートで換算するかが問題となりますが，以下の区分で換算替えを行います。
　① 外貨建取引の換算
　　外貨建取引が発生したときは，原則として，取引が発生した時点での為替レート（取得時レート）によって換算を行います。
　② 外貨建資産・負債の換算
　　外貨建取引によって発生した収益，費用項目については，決算時の換算替えは必要ありませんが，外貨建資産・負債については決算時に換算

外貨建取引管理—会計処理

する必要がある場合があります。

　現金預金，金銭債権債務，有価証券のうち子会社株式等を除いたものやデリバティブ取引といったものは原則として決算時レートで換算が必要となります。

〔仕訳イメージ〕

外貨建売掛金　10,000ドルが発生した時点は120円／ドルでしたが，決算時は為替レートが100円／ドルとなりました。この場合の，発生時・決算時の仕訳は下記の通りとなります。

（発生時）（借方）売　掛　金　120万円　（貸方）売　　　上　120万円
（決算時）（借方）為替差損　20万円　（貸方）売　掛　金　20万円

売掛金を決算時レートで評価する結果，発生時レート（120円）と決算時レート（100円）との差額20万円が（10,000ドル×20円／ドル）為替差損として計上されます。

2　時価評価

　為替予約を行っている場合は，原則として決算期末に時価評価を行います。この結果生じる評価の差額は損益に計上します。

3　振当処理

　2で為替予約は原則として時価評価が必要であるとしましたが，為替予約がヘッジ会計の特例を満たしている等の場合は，特例として振当処理という方法が認められています。振当処理とは，外貨建取引及び外貨建金銭債権債務を予約レートで換算することができる方法のことをいいます。

資金

〔外国通貨等の換算レート〕

会計処理の原則

外国通貨	決算日レート
外貨建金銭債権	決算日レート
満期保有目的の外貨建債権	決算日レート
売買目的有価証券，その他有価証券	決算日レート
子会社株式，関連会社株式	取得日レート
外貨建金銭債務	決算日レート

〔為替予約の処理〕

原則：時価評価
　　　評価損益が計上される
特例：振当処理
　　　時価評価せずに予約レートで換算処理ができる
　　　ただし，ヘッジ会計の要件を満たしていることが要件

外貨建取引管理 > **9.3 リスク管理方針**

　外貨建取引を行うにあたって内部管理上必要な方針の策定や企業が持っている外貨建の債権や債務の残高からリスクをヘッジするために為替予約の対応をすることが必要となります。

　ここでは外貨建取引におけるリスク管理について学習します。

重要ポイント！

1. 為替取引のリスクマネジメント方針を策定します。
2. 為替のポジション管理のため台帳を作成して行います。
3. 内部管理のためミドル・オフィスを作って牽制機能を強化します。

1 リスクマネジメント方針の策定

　外国為替を実施している企業は為替予約等を通じて為替リスクをヘッジしますが，そのための基準として為替取引のリスクマネジメント方針を策定する必要があります。

　リスクマネジメント方針は，過去の為替データ，過去を踏まえた市場の見通し，会社の外貨建債権・債務の残高の状況等を考慮して策定します。また，その際に会社の経営方針を反映させて，文書化することが必要となります。

2 為替ポジション

　企業の為替リスクを把握する必要があるが，その状況を管理することを為替ポジション管理といいます。

　外貨建債権の残高と外貨建債務の残高の情報収集をして，差引残高での債権債務残高の評価をします。これらの残高の把握にあたっては管理台帳を作成します。差引残高の評価に対して，リスクマネジメント方針や将来の為替市場の見通しを加味して対応策を策定します。

　具体的な対応としては，為替予約の実施，通貨オプション・通貨スワップ等の活用が考えられます。

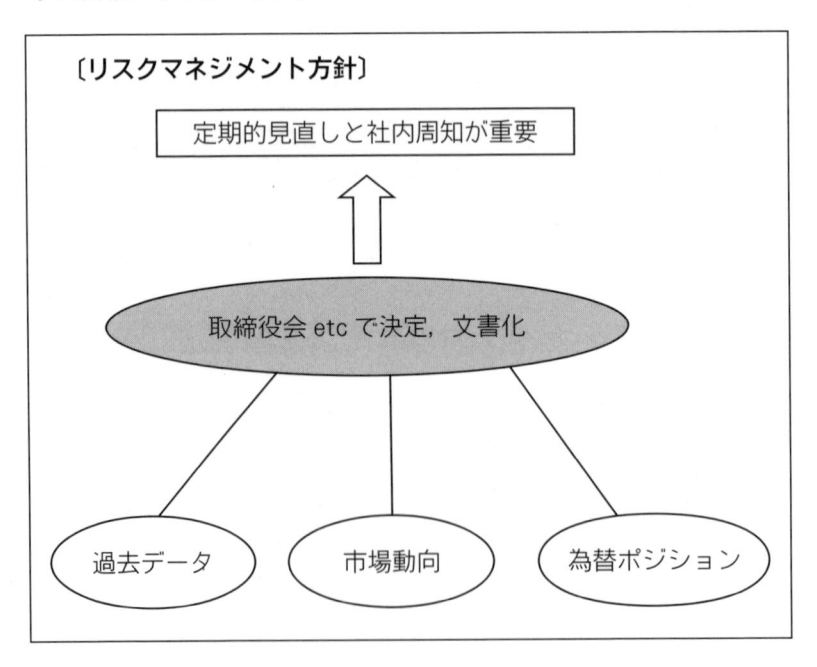

〔リスクマネジメント方針〕

定期的見直しと社内周知が重要

↑

取締役会etcで決定，文書化

- 過去データ
- 市場動向
- 為替ポジション

外貨建取引管理―リスク管理方針

3 管理体制の強化

　為替の管理をするにあたって，企業の組織自体を内部牽制が働くように設計する必要があります。組織の形態としてフロント・オフィスと呼ばれる実際の取引に直接従事する部署と，バック・オフィスと呼ばれる事務処理を中心として牽制を行う部署とを作るのが一般的でした。ただし，取引の複雑化等に対応するために，昨今ではミドル・オフィスと呼ばれるフロント・オフィスとバック・オフィスの中間的な組織を作るケースも金融機関等を中心に出てきております。ミドル・オフィスは，牽制機能を強化して行うことや損益・リスク管理を行います。

> **用語解説：為替エクスポージャー**
> 　企業が持っている外貨建債権や債務の大きさをあらわす概念として使われます。当然大きければ為替リスクは増加し，少なければ為替リスクは減少します。

〔管理体制〕

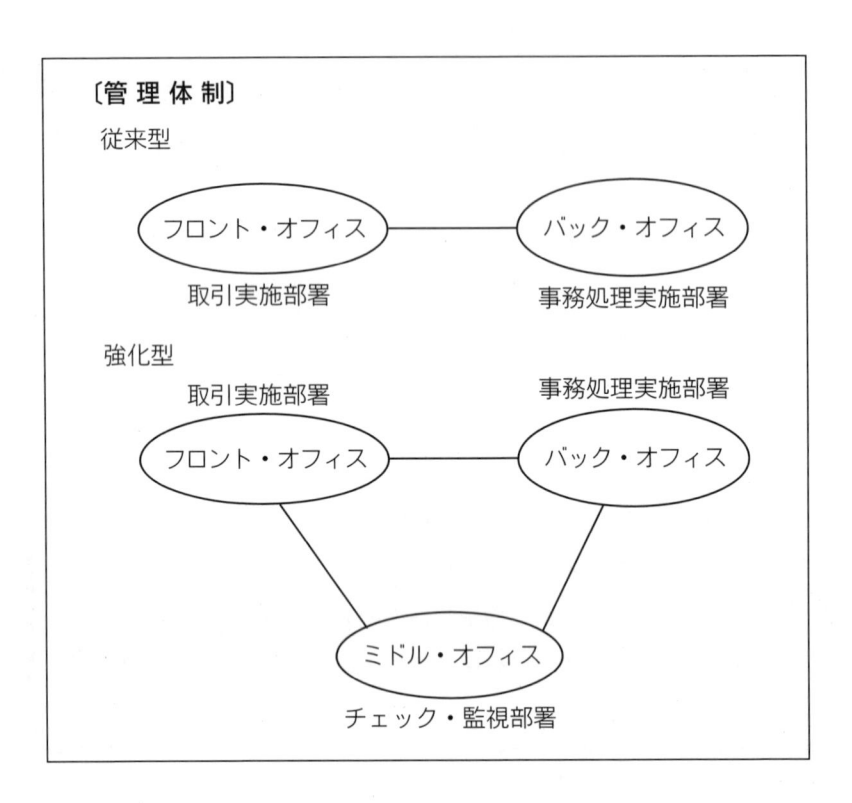

従来型

　フロント・オフィス ── バック・オフィス
　　取引実施部署　　　　　事務処理実施部署

強化型

　　取引実施部署　　　　　事務処理実施部署
　フロント・オフィス ── バック・オフィス
　　　　　＼　　　　／
　　　　ミドル・オフィス
　　　　チェック・監視部署

資金管理　10.1　中長期資金管理

企業は経営活動を行っていくうえで3年後，5年後の会社の姿を考え，その目標達成のために販売計画や投資計画，資金運用方法等を検討することとなります。ここでは中期資金の管理について学習します。

重要ポイント！

1. 中長期事業計画を策定する際は，中長期資金計画の策定も必要です。
2. 資金調達の主な方法として，有償増資・借入金による調達・社債発行の3つがあります。

1　中長期資金計画策定

企業は3年～5年程度の中長期事業計画を作成し，将来向かうべき目標の達成のために具体的な売上計画，人員計画，投資計画を立案します。その後，この計画に対応した中長期資金計画を作成します。これは計画上，中長期的に資金的な問題がない裏付けを取るのに有効です。

特に設備投資に関しては金額が大きく，利益の回収が長期間に及びます。慎重な計画を立て，収益性や資金調達方法を十分に検討しなければなりません。

2 資金の調達方法

外部からの資金調達の方法としては増資，借入金の調達，社債の発行があります。

① 有償増資

新株を有償で発行して会社の資本金を増やすことをいいます。有償増資の形態には株主割当増資，第三者割当増資及び公募増資があります。第三者割当増資や公募増資が行われた場合には，その前後において株主構成や所有割合が変わることとなります。

○株主割当増資…既存の株主に対して持ち株割合に応じて平等に新株を発行する方法

○第三者割当増資…会社の取引先や取引銀行，従業員など会社になんらかの関係がある特定の者に新株を発行する方法

○公募増資…新株の引受権を特定の者に与えるのではなく，広く一般に株主を求め新株を発行する方法

② 借入金の調達

金融機関からの借入金を調達します。ほとんどの場合は，定期預金や土地・建物等の担保が必要となります。

③ 社債

社債は株式会社が発行する有価証券の1つで確実な利払いと一定期日の償還を約束したものです。銀行借入では賄えないような金額を調達する場合や安い金利で調達しようとする場合に用いられます。

資金管理―中長期資金管理

> **用語の意味：フリーキャッシュ・フロー**
>
> 　フリーキャッシュ・フローとは企業が自由に使うことのできるキャッシュ・フロー（お金）のことです。本業のキャッシュ・フローから設備投資に必要なキャッシュ・フローを差し引いたものと位置づけられます。
>
> 　つまりフリーキャッシュ・フローがプラスであれば，資金繰りが良好であり，マイナスであれば厳しい状況であるといえます。

〔中長期資金計画策定フロー〕

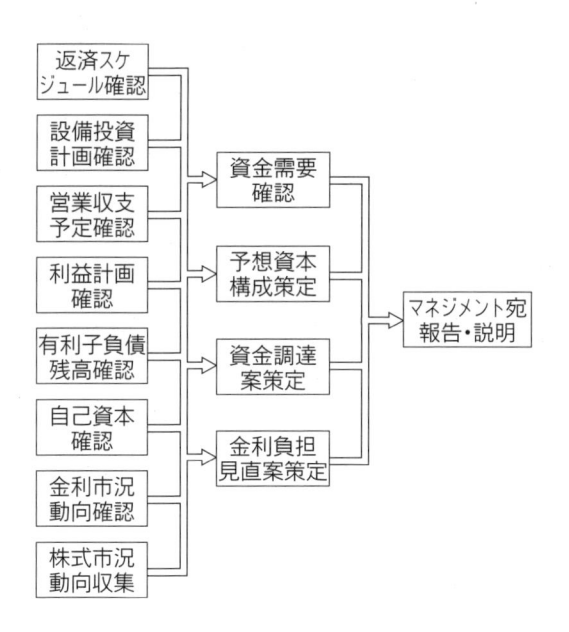

```
返済スケ  ┐
ジュール確認│
設備投資  │
計画確認  │
営業収支  │   資金需要
予定確認  ├──→ 確認       ┐
利益計画  │   予想資本     │
確認    │   構成策定     ├──→ マネジメント宛
有利子負債 │   資金調達     │    報告・説明
残高確認  │   案策定      │
自己資本  │   金利負担     │
確認    │   見直案策定    ┘
金利市況  │
動向確認  │
株式市況  │
動向収集  ┘
```

資金管理 > 10.2 単年度資金管理

短期の資金計画においては，資金が期中に不足しないかどうか管理することが最も重要なポイントになります。ここでは単年度の資金管理について学習します。

> **重要ポイント！**
> 1. 会計上利益＝資金残高ではないため，損益管理とは別に資金管理を行う必要があります。
> 2. 短期の資金管理には資金繰り表を活用します。
> 3. キャッシュ・フロー計算書とは，現金等の収支状況を示す財務諸表のことです。

1 資金繰りの必要性

損益計算書の利益と実際の会社にある現金は一致しない場合がほとんどです。商品を販売しても回収できなければ売上は計上されても現金収入はゼロになります。売上＝入金ではありませんし，利益＝現金残高でもありません。そのため，損益の管理とは別に入金や出金の把握を行い，実際の残高の管理をする必要があります。

資金繰りをする場合には，今後の入金と出金の予定を調べ，確定させた上で日々の残高を明らかにします。これによって将来の残高の予測ができるため，資金不足を事前に防止することが可能になります。

1年を通した場合には問題がなくても一時的に不足の状態になるのはあり得ることなので，十分に注意をして資金の管理を行うことが必要です。

〔入金＝売上でない例〕
- 借入金の調達
- 売掛金の入金
- 預り金の受け入れ

会計上の利益＝現金残高でないことに注意！

---

2 資金繰り表を活用した残高管理

短期の資金管理を行うにあたり，資金繰り表を作成します。

資金繰り表は年間，半年，3か月，1か月など対象とする期間に応じて作成する精度が異なります。少なくとも1か月の期間で作成する場合には1日単位の詳細な内容のものを作る必要があります。一時的にでも資金が不足する場合には，事前に資金手当を検討し，借入等何らかの方法で調達する必要があります。

会社が将来の資金残高を予測していないと資金ショート（資金の不足）という事態が起こり得ます。資金ショートのタイミングが手形の決済時期に発生すると最悪の場合，倒産となります。

3 キャッシュ・フロー計算書

　キャッシュ・フロー計算書とは企業の現金収支状況を示す財務諸表で，株式公開企業においては，連結キャッシュ・フロー計算書の作成が義務付けられ重要性が増しています。短期資金計画を立てる際に参考資料として活用することが望ましいとされています。

　キャッシュ・フロー計算書は，本業でどれだけの資金を得たかを表す営業活動によるキャッシュ・フロー，どれだけの資金を設備投資に支出し回収したかを表す投資活動によるキャッシュ・フロー，借入や増資等の資金調達及び借入金等の返済により結果としてどれだけの資金を調達したかを表す財務活動によるキャッシュ・フローの3つに区分されます。3つの区分の合計が当期の現金同等物の増減額になります。

索 引

あ行

- IR ………………………………101
- IFRS ……………………………111
- アニュアルレポート ……………110
- 一時差異 …………………………116
- 移動平均法 …………………26, 180
- インサイダー取引 ………………170
- インターネットバンキング ……150
- 受払管理 …………………………25
- 売上値引き ………………………12
- 売上の計上基準 …………………3
- 売上の認識 ………………………2
- 売上割引 …………………………13
- 売上割戻し ………………………12
- 営業活動によるキャッシュ・フロー …230
- EDINET …………………………107
- オペレーティング・リース ……52

か行

- 外貨建取引 ………………………215
- 会社法決算 ………………………103
- 格付け ……………………………169
- 貸倒引当金 ………………………77
- 課税対象取引 ……………………119
- 株主割当増資 ……………………226
- 借入 ………………………………193
- 為替エクスポージャー …………223
- 簡易課税 …………………………123
- 監査 ………………………………81
- 関連会社 …………………………88
- 企業調査 …………………………186
- 寄付金 ……………………………125
- キャッシュ・フロー計算書 ……230
- 強制調査 …………………………143
- 業績分析 …………………………67
- 偶発債務 …………………………183
- グルーピング ……………………41
- グループ法人税制 ………………136
- 決算公告 …………………………105
- 決算短信 …………………………98
- 決算調整事項 ……………………130
- 決算方針 …………………………71
- 月次決算 …………………………64
- 減価償却 ……………………35, 126
- 原価法 ……………………………27
- 検収基準 ………………………3, 16
- 減損会計 …………………………41
- 減損の兆候 ………………………42
- 現物管理 ……………………22, 40
- 交際費 ……………………………125
- 公募増資 …………………………226
- 小切手 ……………………………163
- 国際財務報告基準 ………………111
- 小口現金 …………………………153
- 固定資産税 ………………………54
- 固定資産台帳 ……………………39
- 固定資産の取得 …………………32

231

固定資産の売却・除却 …… 49

さ 行

最終仕入原価法 …… 26
財務活動によるキャッシュ・フロー … 230
債務保証 …… 182
先入先出法 …… 26
残存価額 …… 36
仕入値引き …… 20
仕入の計上基準 …… 16
仕入割引 …… 21
仕入割戻し …… 20
事業報告 …… 103
実現主義 …… 2
実地棚卸 …… 23
四半期決算短信 …… 99
四半期報告書 …… 108
資本的支出 …… 46
資本連結 …… 95
社債 …… 199
修繕費 …… 46
出荷基準 …… 3
使用価値 …… 43
償却原価法 …… 175
償却資産税 …… 55
証書借入 …… 194
正味売却価額 …… 43
賞与引当金 …… 77
申告調整事項 …… 130
新リース会計基準 …… 53
随時補充法 …… 154

税効果会計 …… 116
税務調査 …… 143
税務調整 …… 130
セグメント情報 …… 97
前年対比資料 …… 68
総平均法 …… 180
総枠管理 …… 30
その他有価証券 …… 175, 177, 179
ソフトウェア …… 57

た 行

第三者割当増資 …… 226
退職給付引当金 …… 78
耐用年数 …… 35
棚卸し …… 24
棚卸資産 …… 22
短期プライムレート（短プラ） …… 197
単品管理 …… 30
注記事項 …… 99
長期プライムレート（長プラ） …… 197
帳簿管理 …… 23
定額資金前渡制（インプレストシステム）
…… 154
定額法 …… 36, 37
低価法 …… 27
定率法 …… 36, 38
手形借入 …… 194
手形取引 …… 159
手形の裏書き …… 160
手形の更改（ジャンプ） …… 162
手形の割引 …… 161, 194

手形要件 …………………………160
適正在庫 …………………………29
デリバティブ取引 ………………205
当座借越 …………………………194
投資活動によるキャッシュ・フロー…230

な　行

内部取引の消去 …………………96
内容証明 …………………………11
入荷基準 …………………………16
任意調査 …………………………143

は　行

売買目的有価証券 …………175, 178
バック・オフィス ………………223
非課税取引 ………………………119
引当金 ……………………… 77, 126
引渡基準 …………………………3
ファームバンキング ……………150
ファイナンス・リース …………51
附属明細書 ………………………104
プライムレート …………………197
振当処理 …………………………219
フリーキャッシュ・フロー ……227
プレス発表 ………………………101
フロント・オフィス ……………223
不渡り ……………………………161
ヘッジ会計 ………………………210
別表五 ……………………………130
別表四 ……………………………130

ポートフォリオ …………………173

ま　行

満期保有目的等有価証券 ………177
満期保有目的の債券 ………175, 179
実額計算 …………………………122
未実現損益 ………………………96
ミドル・オフィス ………………223
免税取引 …………………………120

や　行

役員給与 …………………………126
役員報告 …………………………79
有価証券報告書 …………………106
有償増資 …………………………226
予算対比資料 ……………………67
与信 ………………………………8
与信管理 …………………………8

ら　行

リース ……………………………51
連結決算 …………………………85
連結子会社 ………………………88
連結所得金額 ……………………137
連結納税 …………………………134
連結パッケージ …………………91
連結法人税額 ……………………138
連帯保証 …………………………185

検定概要

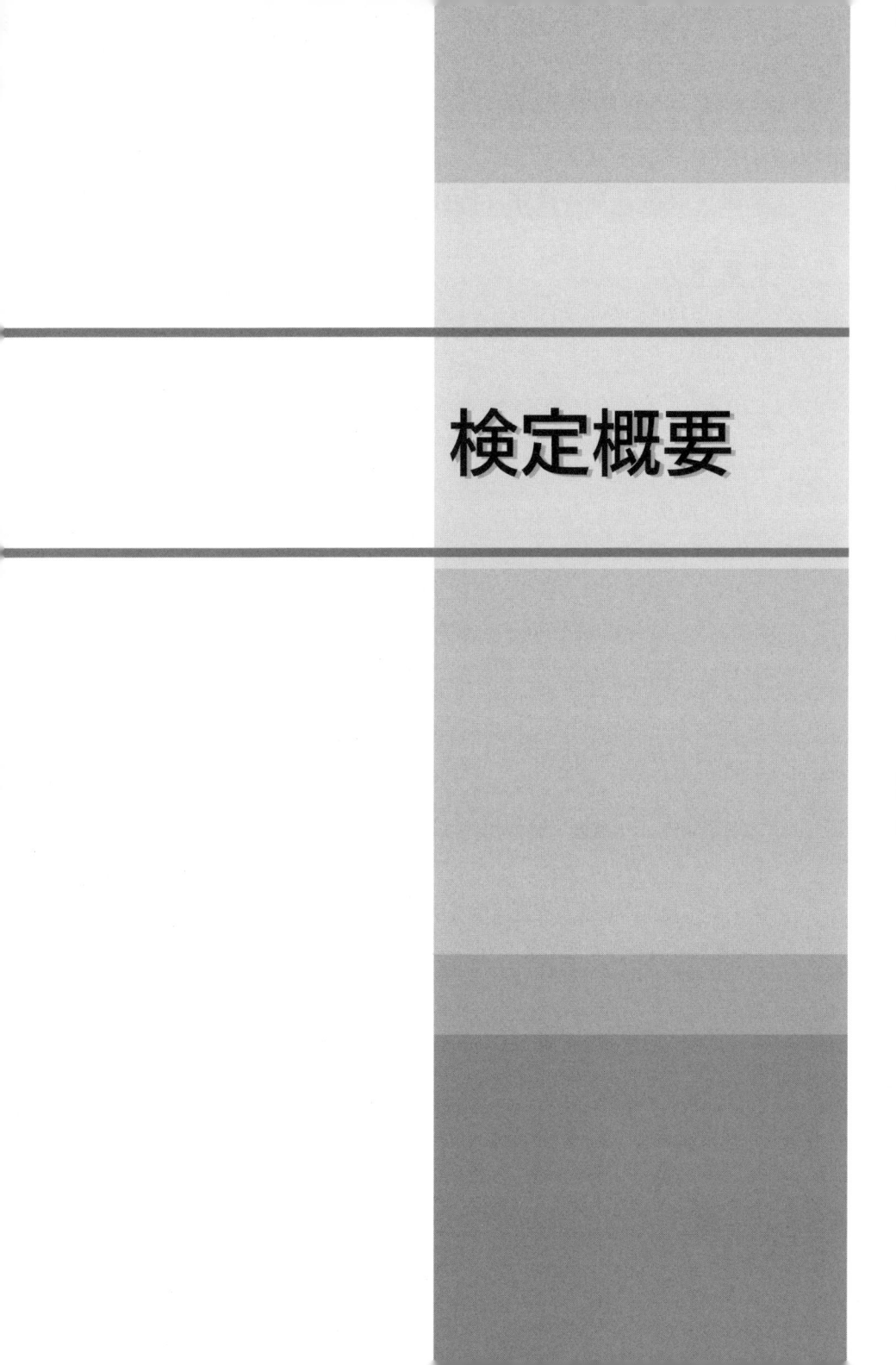

経理・財務スキル検定「FASS」について

対象者

経理・財務部門の定型的実務に従事されている方，これから経理・財務部門に従事しようとしている方。

出題

出題範囲

「経理・財務サービス・スキルスタンダード」のうち，定型業務として標準化された業務が対象。

「FASS」試験本体は，資産・決算・税務・資金の4分野から構成。

また，上記4分野に回答後，任意で「オプション科目」全社統制・IT統制分野に回答することができます。

※オプション科目「全社統制・IT統制」について

「全社統制・IT統制」は内部統制の重要な分野として経理・財務業務に必要とされる知識であり，経済産業省「経理・財務SS2.0能力検定開発プロジェクト」における実証実験を契機にFASS検定のオプション科目として新設することになりました。

概　要

分野	資産分野	決算分野	税務分野	資金分野
業務	売掛債権管理 買掛債務管理 在庫管理 固定資産管理 ソフトウェア管理	月次業績管理 単体決算業務 連結決算業務 外部開示業務	税効果計算業務 消費税申告業務 法人税申告業務 連結納税申告業務 税務調査対応	現金出納管理 手形管理 有価証券管理 債務保証管理 貸付金管理 借入金管理 社債管理 デリバティブ 取引管理 外貨建取引管理 資金管理

※経理・財務業務の中から非定型業務を除き標準化された定型業務を出題範囲としており，「経理・財務サービス・スキルスタンダード」で標準化していない非定型の業務は対象外としています。

※詳細は「経理・財務サービス・スキルスタンダード」でご確認ください。

試験概要

試験実施期間	毎日受験ができます。（祝日・年末年始を除く） ※オプション科目に回答しない場合にも，「FASS」試験本体の評価への影響はありません。
問題数	「FASS」試験本体……上記の出題範囲から合計で100問 　　　　　　　　　　（四肢択一） 「オプション科目」全社統制・ＩＴ統制分野……30問（四肢択一）
試験時間	「FASS」試験本体90分，「オプション科目」30分（任意受験）
試験結果	「FASS」試験本体……合否ではなく総合点から５段階のレベルでスキル評価し，分野毎の達成度合いも表示します。 「オプション科目」……達成度合いから，３段階のレベルでの評価を表示します。 ※なお，試験結果は試験終了後，試験会場にてお渡しします。
受験方法	試験は全国にある試験センターでコンピューターでの受験となります。 受験申込から試験実施までプロメトリック㈱が運営を行います。
受験料	一般 ¥10,500（税込）／日本CFO協会会員 ¥8,400（税込） ※日本CFO協会会員には団体受験による割引があります。 ※オプション科目を含んだ料金となります。オプション科目を受験されない場合も，同一の受験料です。

経理・財務スキル検定 FASS
予想問題

問題 1

棚卸資産の範囲に入らないものはどれか？

　A．商品

　B．製品

　C．原材料

　D．器具備品

問題 2

定額法と定率法の減価償却費を計算した正しい組み合わせはどれか？

会計期間：平成22年4月1日～平成23年3月31日

　　　　　4/1～3/31・購入価格　10,000,000円

耐用年数：10年（定額法償却率　0.100　定率法償却率　0.250）

取得年月：平成22年10月1日

　A．定額法　500,000　　定率法　1,250,000

　B．定額法　450,000　　定率法　1,250,000

　C．定額法　500,000　　定率法　1,125,000

　D．定額法　450,000　　定率法　1,125,000

問題 3

資本金が10億円の法人が固定資産を取得した場合に，法人税法上，損金経理を行うことで損金の額に算入できる金額の区分はどれか？

　A．10万円未満

　B．10万円以上

　C．20万円未満

　D．20万円以上

経理・財務スキル検定　FASS予想問題

問題4

売上原価の算定に関して適切な組み合わせのものはどれか？

当期売上原価＝期首棚卸高（　）当期仕入高（　）期末棚卸高

 A．＋・＋

 B．＋・－

 C．－・＋

 D．－・－

問題5

税効果会計における将来減算一時差異に該当しないものはどれか？（又は税効果会計の対象とならない申告調整項目はどれか）

 A．減価償却超過額

 B．交際費

 C．繰越欠損金

 D．貸倒引当金繰入超過額

問題6

事業者が行う次の取引のうち，消費税の非課税取引に該当しないものはどれか？

 A．土地の譲渡

 B．土地の賃借

 C．住宅の譲渡

 D．住宅の賃借

問題 7

法人の消費税の申告期限はつぎのうちどれか？

 A．総会終了後 2 か月以内

 B．決算日の翌日から 2 か月以内

 C．総会終了後 3 か月以内

 D．決算日の翌日から 3 か月以内

問題 8

債券にあてはまらないものはどれか？

 A．個人向けの国債

 B．株式

 C．金融債

 D．政府保証債

問題 9

短期借入金とは借入金のうち借入期間が何年以内のものか？

 A．1 年

 B．3 年

 C．5 年

 D．7 年

問題10

社債を発行するのはどこか？

　A．国

　B．地方公共団体

　C．民間の事業会社

　D．公益法人

問題11

TTSが107.55円の時TTBはいくらか？

　A．105.55円

　B．106.55円

　C．108.55円

　D．109.55円

問題12

固定比率の算式は？　固定比率＝固定資産÷（　）×100

（　）に入るものはどれか？

　A．自己資本

　B．投下資本

　C．流動資産

　D．流動負債

解答と解説

問題 1
解答：D

　棚卸資産とは，商品又は製品（副産物及び作業くずを含む），半製品，仕掛品（半成工事を含む），主要原材料，補助原材料，消耗品で貯蔵中のもの，その他これらに準ずるものをいいます。したがって器具備品は棚卸資産には含まれません。

問題 2
解答：B

　定額法：$10,000,000 \times 0.9 \times 0.100 \times 6/12$か月＝450,000円
　定率法：$10,000,000 \times 0.250 \times 6/12$か月＝1,250,000円

問題 3
解答：A

　取得価額が10万円未満の固定資産は税務上の「少額減価償却資産」に該当し，事業の用に供する事業年度において損金経理を行うことにより，損金の額に算入することができます。

問題 4
解答：B

　売上原価は期首商品の金額に当期仕入金額を加算し，期末商品の金額を差し引くことにより求められます。

問題 5

解答：B

　将来減算一時差異とは，課税所得の計算上差異が生じたときに加算され，将来解消するときに減算されるものをいいます。会計上の費用計上の方が，税務上の損金算入時点よりも早い時に認識されます。

　交際費は，会計上と税務上の取り扱いが異なる永久差異であり，将来減算一時差異の原因となるものには該当しません。

問題 6

解答：C

　事業者が行う住宅の譲渡は，消費税の非課税取引に該当しません。

問題 7

解答：B

　事業者は，当該課税期間の末日（決算日）の翌日から2月以内に，申告書を税務署長に提出しなければならないとされています。

問題 8

解答：B

　債券とは国や地方公共団体，民間企業などが資金調達を行う目的で発行する有価証券です。株式は企業が発行する出資証券であり，債券には該当しません。

問題9

解答：A

　借入金は1年基準に従って流動・固定の区分を行います。借入期間が1年以内のものは短期借入金として取り扱います。

問題10

解答：C

　社債とは株式会社が広く一般から長期資金を調達するために発行する有価証券をいいます。

問題11

解答：A

　ＴＴＳとは金融機関が顧客に外貨を売るレート，ＴＴＢとは金融機関が顧客から外貨を買うレートで，その間がＴＴＭと呼ばれます。ＴＴＭに1円を加算した金額がＴＴＳ，ＴＴＭから1円を控除した金額がＴＴＢとなります。

問題12

解答：A

　固定比率とは，固定資産のうちどの程度が自己資本で賄われているかを示す指標です。したがってAの自己資本が正解となります。

執筆者紹介

中尾　篤史（なかお　あつし）
CSアカウンティング株式会社　専務取締役

公認会計士・税理士。太田昭和監査法人，辻・本郷税理士法人を経て，CSアカウンティング㈱へ。主に上場企業及びその子会社管理業務や不動産・金融商品の流動化支援業務に従事している。主な著書に『節約法人税のしくみ』（祥伝社），『在庫管理が分かる』（実業之日本社），『企業組織再生プランの法務＆税務』（清文社）などがある。

今川　誠（いまがわ　まこと）
建設・不動産会社での経理業務を経て中央シーエスアカウンティング㈱へ。前職在籍時に携わった株式公開準備の経験を生かし，会計サービス及びコンサルティング業務に携わっている。

松野　亮（まつの　りょう）
医療コンサルティング会社を経て中央シーエスアカウンティング㈱へ。主に医療機関や介護施設を対象とした財務コンサルティングを実施している。

ＣＳアカウンティング株式会社

　国内最大級の会計・人事のアウトソーシング・コンサルティング会社であり，約150名の公認会計士・税理士・社会保険労務士などのプロフェッショナル・スタッフによって，上場企業や中堅企業を中心に会計・税務，人事・労務に関するアウトソーシング・コンサルティングサービスを提供している。又，注目を集めているクラウドコンピューティングにもいち早く取り組んでおり，会計・人事のクラウドコンピューティングサービスに関して多数の導入実績がある。
　社名の由来でもあるＣＳ（カスタマー・サティスファクション）をモットーにかかげ，会計・人事の課題をワンストップに解決している。

〒163-0630
東京都新宿区西新宿１−25−１
新宿センタービル30F
ＴＥＬ　03−5908−3421（代表）
ＦＡＸ　03−5339−3178
URL　http://www.cs-acctg.com

参考文献

『経理・財務の実務に必要な「知識×実行」』 佐久間裕輝 税務経理協会

『会社「経理・財務」の基本テキスト』 NTTビジネスアソシエ㈱ 税務研究会出版局

『会社「経理・財務」の基本テキストⅡ』 NTTビジネスアソシエ㈱ 税務研究会出版局

引用資料

経済産業省「経理・財務サービス　スキルスタンダード」

スキルスタンダード本編より「業務プロセスマップ」を引用

編者との契約により検印省略

平成22年7月1日　初版発行		4週間でマスターできる 経理・財務基本テキスト
編　者	CSアカウンティング株式会社	
発行者	大　坪　嘉　春	
整版所	ハピネス情報処理サービス	
印刷所	税経印刷株式会社	
製本所	株式会社　三森製本所	

発行所　東京都新宿区下落合2丁目5番13号　株式会社　税務経理協会

郵便番号 161-0033　振替 00190-2-187408　電話(03)3953-3301(編集部)
FAX (03)3565-3391　　　　　　　　(03)3953-3325(営業部)
URL http://www.zeikei.co.jp/
乱丁・落丁の場合はお取り替えいたします。

© CSアカウンティング株式会社　2010　　Printed in Japan

本書を無断で複写複製（コピー）することは、著作権法上の例外を除き、禁じられています。本書をコピーされる場合は、事前に日本複写権センター（JRRC）の許諾を受けてください。
JRRC〈http://www.jrrc.or.jp　eメール：info@jrrc.or.jp　電話：03-3401-2382〉

ISBN978-4-419-05494-6　C3063